# बास्केटबॉल

## खेल और नियम

# बास्केटबॉल

## खेल और नियम

सुरेंद्र श्रीवास्तव

एस.के. इंटरप्राइजेज

प्रकाशक : एस.के. इंटरप्राइजेज, सी–54, गणेश नगर कॉम्पलैक्स, दिल्ली–110092
सर्वाधिकार : सुरक्षित / संस्करण : 2025 / मूल्य : तीन सौ रुपए
मुद्रक : नरुला प्रिंटर्स, दिल्ली ISBN 978-93-80839-18-9

**BASKETBALL : Khel aur Niyam**

*by* Shri Surendra Shrivastava ₹ 300.00

Published by **ESSKAY ENTERPRISES**
C-54, Ganesh Nagar Complex, Delhi-92

# अनुक्रमणिका

# 1

# बास्केटबॉल का इतिहास

आधुनिक खेलों में बास्केटबॉल को शामिल किया जा सकता है। मनुष्य की यह प्रवृत्ति रही है कि वह आनंद प्राप्ति के लिए नई-नई तरकीबें ढूँढ़ता रहता है, नई-नई योजनाएँ बनाता है, अन्वेषण प्रकृति का मनुष्य हरदम यही सोचता है कि कुछ नया किया जाए, कुछ नया प्राप्त किया जाए, ताकि जीवन को नीरस होने से बचाया जा सके।

खेलों के क्षेत्र में भी मनुष्य की यही प्रवृत्ति काम करती है। जब किसी एक खेल में दिलचस्पी घटने लगती है, तो जीवन बेरंग नजर आने लगता है। जिस आनंद प्राप्ति के लिए मनुष्य खेलता है, अगर उस खेल में आनंद ही नहीं आए, तो उस खेल के प्रति अरुचि का पैदा होना स्वाभाविक है और जब अरुचि हावी होने लगती है, तो बोरियत पैदा होगी।

कुछ अन्वेषण प्रकृति के लोग मनुष्य की इस प्रवृत्ति पर गहरी नजर रखते हैं। वे सोचते हैं कि अगर खेल में कुछ विविधता लाई जाए अथवा एक नए खेल के प्रति लोगों का रुझान बढ़ाया जाए, तो संभवतः जीवन की नीरसता को समाप्त करके बोरियत से बचा जा सके।

आप प्रत्यक्षतः महसूस करते होंगे कि जब आप स्वयं एक ही चीज को बार-बार उपयोग में लाते हैं, एक ही वस्त्र को आप बार-बार पहनते हैं, एक प्रकार का खाना खाते-खाते बोर हो जाते हैं, तो आपकी यही कोशिश रहती है

कि कुछ विविधता लाई जाए और यही विविधता आपके खोए हुए आत्मविश्वास को आनंद से भर देती है। तन तथा मन में सकारात्मक ऊर्जा का संचार करती है।

यह विविधता जीवन के लिए बहुत आवश्यक है। खेलों में विविधता होनी चाहिए। जैसे कोई एक खेल लंबे अरसे तक जारी रहता है, तो उसमें विविधता लाने के उपाय किए जाते हैं। खेल वैज्ञानिक, खिलाड़ियों, दर्शकों व व्यक्तियों के मनोवैज्ञानिक पहलुओं का अध्ययन करते रहते हैं और समय-समय पर लोगों को मनोरंजन के साधन उपलब्ध कराते रहते हैं।

अमेरिका के खेल वैज्ञानिकों ने मनुष्य की फितरत पर गौर किया होगा और संभवतः मनुष्य हित में 'बास्केटबॉल' नामक एक नए खेल का आविष्कार किया होगा।

हमारे यहाँ जितने भी खेल लोकप्रिय हैं, अगर यह कहा जाए तो कोई गलत नहीं होगा कि इनके जन्मदाता पश्चिमी देश ही हैं। पाश्चात्य देशों के वैज्ञानिक कुछ-न-कुछ नवीनतम प्रयोग करते रहते हैं।

अमेरिका के स्प्रिंगफील्ड कॉलेज के एक खेल वैज्ञानिक व प्रशिक्षक डॉ. जेम्स नेस्मिथ ने भी एक प्रयोग किया था। यह सन् 1891 की बात है। तब इस खेल का आविष्कार करते हुए डॉ. जेम्स ने शायद सोचा नहीं होगा कि एक दिन यह काफी लोकप्रिय हो जाएगा।

प्रारंभ में यह खेल जिम्नाजियम में खेला जाता था। प्रत्येक टीम में लगभग चालीस-पचास खिलाड़ी होते थे। आमने-सामने की दीवारों पर बास्केट टँगी होती थी। गोल हो जाने पर सीढ़ी पर चढ़कर बास्केट में से बॉल निकाली जाती थी। वास्तव में यह काफी कठिन कार्य था।

फिर डॉ. जेम्स ने इस पर विचार किया कि कोई खेल आम जनता व खिलाड़ियों तक तभी सुगम हो सकता है, जब यह सरल हो, साथ ही दिलचस्प व कौतूहलपूर्ण सिद्ध हो सके। उन्होंने अपनी योजना व लक्ष्य पर काम करना शुरू कर दिया।

खेल का क्षेत्र हो अथवा जीवन का कोई कार्य अथवा स्वयं हमारा जीवन

ही क्यों न हो, उसमें व्यवस्था व संतुलन काफी महत्त्वपूर्ण होते हैं। अव्यवस्थित जीवन शैली, आफतों व विपत्तियों को न्योता देती है। अगर हम कोई भी कार्य व्यवस्थित ढंग से न कर सके, तो अपेक्षित सफलता की उम्मीद करना बेकार है। उसी प्रकार से खेल को व्यवस्थित तरीके से खेलना जरूरी होता है। अगर खेल में व्यवस्था हो तो उस खेल का आकर्षण भी बढ़ जाता है। क्षमता तो मजबूत होती ही है।

बास्केटबॉल खेल के नियम तैयार करते समय डॉ. जेम्स नेस्मिथ ने इसके दूरगामी हितों का ध्यान रखा और एक आदर्श स्थिति तैयार करने की भरसक चेष्टा की।

डॉ. जेम्स ने इस खेल में खिलाड़ियों की संख्या घटा दी। प्रथम बार इस खेल की एक टीम में पाँच खिलाड़ी निश्चित किए गए। उसके बाद से नियमों में सुधार का क्रम चलता रहा।

कई चरणों व दौरों के बाद वो घड़ी आ ही गई, जब इस खेल के प्रामाणिक नियम बन गए। यह सन् 1915 की बात है।

आज इस खेल में व्यापक सुधार हुआ है। कुछ नियमों में फेरबदल भी किए गए हैं। कुछ जोड़े भी गए हैं, लेकिन डॉ. जेम्स नेस्मिथ के बुनियादी सिद्धांतों से छेड़छाड़ नहीं किया गया। जो भी परिवर्तन हुए, जो भी विकासमूलक दंड तैयार किए गए हैं, वे आज के संदर्भ में हैं। आज जो खेल खेला जाता है, वह पहले से बहुत सुधरा हुआ तथा गति से खेला जानेवाला खेल है।

### खेल का प्रचार

जब यह खेल एक नए व परिपक्व आयाम में पहुँच गया, तो इसका प्रचार-प्रसार करने की बात पर विचार किया गया, क्योंकि खेल के प्रचार के बाद ही जनता के रुझान का पता चलता है।

स्प्रिंगफील्ड महाविद्यालय के छात्रों तथा अमेरिकी सेना ने इस खेल के प्रचार में महत्त्वपूर्ण भूमिका निभाई।

कोई भी नया खेल हो, सबसे पहले पुलिस व सेना के जवानों की खेल

में दिलचस्पी देखी जाती है। अगर ये खेल को पसंद कर लेते हैं अथवा खेल उन्हें भा जाता है, तो खेल का प्रचार अपने आप हो जाता है, क्योंकि सेना व पुलिस सब जगह है। इन्हें खेलते देखकर आम जनता में भी कौतूहल बना रहता है।

जब भी कोई नया प्रॉडक्ट लॉन्च होता है, तो उसके बाकायदा विज्ञापन कराए जाते हैं। उसके बाद आम जनता में प्रॉडक्ट के प्रति कौतूहल व जिज्ञासा उत्पन्न होती है। यह जनता पर निर्भर करता है कि वह प्रॉडक्ट का कितना इस्तेमाल कर पाती है अथवा कंपनी का प्रॉडक्ट उसके लिए कितना लाभदायक रहता है।

उसी तरह से खेल में पुलिस व सेना के जवानों का भरोसा बढ़ने लगे, तो ये खेल के प्रचार के माध्यम बन जाते हैं और जहाँ भी जाते हैं, खेलते हैं और इस तरह से आमजन को भी खेल से जोड़ते हैं।

स्प्रिंगफील्ड महाविद्यालय के छात्रों को यह नया खेल काफी रुचिकर लगा था। अमेरिकी सैनिकों ने जब इस खेल को पहली बार खेला, तो उन्हें खूब मजा आया। इस तरह से बास्केटबॉल के इस खेल में अमेरिकी सैनिकों का विश्वास बढ़ा, तो वे जहाँ भी गए, जिस देश में गए, खेल का खूब प्रचार किया और इस तरह से यह खेल अमेरिका से बाहर भी लोकप्रिय होता चला गया।

जब बास्केटबॉल का यह नया खेल दुनिया के देशों में पहुँचा, तो आयोजकों व खेल से जुड़े वैज्ञानिकों ने एक ऐसी संस्था के प्रस्ताव पर विचार किया, जिससे खेल को अच्छी गति व दिशा मिल सके।

## इंटरनेशनल बास्केटबॉल फेडरेशन की स्थापना

जब बास्केटबॉल दुनिया के देशों में खेला जाने लगा, तब इस खेल की कमान का दायित्व सौंपने के लिए एक संस्था का गठन किया गया।

सन् 1932 में एक संस्था का गठन हुआ, जिसे 'इंटरनेशनल बास्केटबॉल फेडरेशन' का नाम दिया गया।

इंटरनेशनल बास्केटबॉल फेडरेशन एक अंतरराष्ट्रीय संस्था है। यह इस खेल से जुड़े सभी तत्त्वों व मानदंडों का निर्धारण करती है।

## बर्लिन ओलंपिक खेलों में बास्केटबॉल

जब इस खेल की लोकप्रियता में वृद्धि होती गई और विभिन्न देशों ने इस खेल को स्वीकार करके बाकायदा खेलना शुरू कर दिया, तो दूसरे खेलों की तरह इस खेल को भी ओलंपिक खेलों का अंग बनाने की माँग जोर पकड़ने लगी।

एशियाई और पश्चिमी देशों के कई देश आगे आए, जहाँ की टीमें बास्केटबॉल में विकास के साथ-साथ आगे बढ़ रही थीं, परिणामस्वरूप इस खेल को ओलंपिक में शामिल कर लिया गया।

सन् 1936 ई. में बर्लिन में ओलंपिक खेल शुरू हो रहे थे। इंटरनेशनल बास्केटबॉल फेडरेशन ने सक्रियता दिखाई और उसी साल बास्केटबॉल को बर्लिन ओलंपिक खेलों में शामिल कर लिया गया।

बर्लिन ओलंपिक खेलों में बास्केटबॉल को शामिल किए जाने के समय इक्कीस देशों ने बास्केटबॉल प्रतियोगिता में भाग लिया। इसी से अंदाजा लगाया जा सकता है कि इस खेल की लोकप्रियता किस तेजी से बढ़ रही थी।

अमेरिका दुनिया की महाशक्ति कहा जाता है। यह देश ताकत में, प्रभुत्व में दुनिया के शेष देशों से काफी आगे है। इसी देश में बास्केटबॉल का आविष्कार हुआ था तथा इसी देश ने दुनिया के बाकी देशों में इस खेल को पहुँचाया था। अत: बास्केटबॉल पर अमेरिका का शुरू से ही प्रभुत्व रहा है।

अमेरिका के अलावा जो देश इस खेल में ज्यादा रुचि दिखा रहे हैं अथवा जिन देशों में यह खेल काफी लोकप्रिय हुआ है, वे हैं रूस, अर्जेंटीना, यूगोस्लाविया आदि।

आजकल पश्चिमी देशों में यह खेल काफी लोकप्रिय है।

## भारत में खेल की शुरुआत

जब कोई खेल सुगम, मनोरंजनपूर्ण (बल्कि रोचक कहना ज्यादा अच्छा रहेगा) तथा कौतूहल से परिपूर्ण हो, तो लोग एक बार इसको खेलना जरूर चाहेंगे।

पश्चिमी देशों तथा अमेरिका से चलकर आया यह खेल हमारे देश में कब

पहुँचा, इसके बारे में ठीक-ठीक बताना मुश्किल है, लेकिन ऐसा माना जाता है कि हमारे देश में इस खेल की शुरुआत 90 वर्ष पूर्व ही हो गई थी।

बताया जाता है कि वाई.एम.सी.ए. कॉलेज, चेन्नई में इस खेल की शुरुआत हुई थी। तब प्रयोग के तौर पर ही इसे लिया गया था। यह प्रयोग काफी सफल रहा था।

भारत के लोगों को इस खेल में दिलचस्पी होने का एक प्रमुख कारण यह भी था कि यह दूसरे खेलों से भिन्न था तथा यह एक नए अंदाज में पेश किया गया था। यह अंदाज सबको पसंद आया। यही कारण था कि बास्केटबॉल का यह खेल जल्दी ही हमारे देश के सभी भागों में फैल गया।

## बास्केटबॉल फेडरेशन ऑफ इंडिया

जब हमारे देश में यह खेल लोकप्रिय हुआ, तो विभिन्न राज्यों में अनेक क्लब व एकेडेमियाँ खुलने लगीं। जिस समय चेन्नई में खेल पर प्रयोग किए जा रहे थे, तब उस समय इसकी लोकप्रियता का अंदाजा करना मुश्किल था, पर जो चीज लोगों को एक बार पसंद आ जाए, उसके वे दीवाने हो जाते हैं। जब यह खेल देश के सभी भागों में पहुँचा, तो इस खेल पर राष्ट्रीय स्तर पर नियंत्रण, नीति-निर्धारण करने तथा अन्य व्यवस्थाएँ रखने के लिए राष्ट्रीय स्तर पर संस्था बनाने की योजना पर विचार किया गया। सन् 1950 ई. में इस योजना को मूर्त रूप दिया गया। इस प्रकार से जो संस्था या संगठन तैयार हुआ, उसका नाम 'भारतीय बास्केटबॉल संघ' अथवा बास्केटबॉल फेडरेशन ऑफ इंडिया पड़ा।

भारतीय बास्केटबॉल संघ बास्केटबॉल खेल संबंधी गतिविधियों से जुड़ी हर जिम्मेदारियों का निर्वाह करती है तथा राष्ट्रीय स्तर पर इस खेल पर नियंत्रण रखती है।

सभी राज्यों की बॉस्केटबॉल संस्थाएँ इसकी सदस्य हैं।

2

# बास्केटबॉल क्या है?

खेल की यह पद्धति या स्वरूप या प्रकार दूसरे सामान्य खेलों की तरह नहीं है। यह क्रिकेट या फुटबॉल की तरह टीम वर्क है अर्थात् इसको टीम में खेला जाता है।

इस खेल में दो टीमें होती हैं। दो टीमों के मध्य मुकाबला होता है। खेल में अधिकतम बारह खिलाड़ी भाग ले सकते हैं। हालाँकि इनमें से प्रत्येक टीम के पाँच-पाँच खिलाड़ी ही मैदान में होते हैं। बाकी के खिलाड़ी अतिरिक्त खिलाड़ी होते हैं। इन्हें उन खिलाड़ियों की जगह पर रखा जा सकता है, जो खेल के दरमियान दुर्घटनाग्रस्त होकर खेलने की स्थिति में नहीं होते हैं। ऐसे खिलाड़ियों को प्रतिस्थापन कहते हैं।

बास्केटबॉल का खेल बास्केट से जुड़ा है। यह काफी महत्त्वपूर्ण होता है। जब यह खेल शुरू होता है, तो दोनों टीमों का एकमात्र लक्ष्य गेंद को विपक्षी टीम की बास्केट में डालकर अंक प्राप्त करना होता है। यह प्रयास दोनों टीमों द्वारा किया जाता है। भला ऐसी कौन सी टीम होगी, जो हारने के लिए खेलेगी अथवा वह खेल में अंक प्राप्त करना नहीं चाहेगी? इस तरह से दोनों टीमों के मध्य स्पर्द्धा जारी रहती है। गेंद को विपक्षी टीम की बास्केट में डालने के साथ-साथ (अंक प्राप्त करने के साथ-साथ) टीमें ये भी चाहेंगी कि वह अपने प्रतिद्वंद्वी दल को अपने ऊपर गोल होने से रोके। इस तरह से यह खेल काफी रोचक व

मजेदार हो जाता है।

यह खेल काफी रोमांचक भी है। आपने टी.वी. चैनल्स पर बास्केटबॉल खेल का प्रसारण होते देखा होगा। जब यह खेल चल रहा होता है, तो खिलाड़ियों के मूवमेंट व एक्शन देखकर बहुत मजा आता है, साथ ही खेल का रोमांच भी बढ़ जाता है।

इस खेल में वही टीम कामयाब होती है अथवा जीत दर्ज करती है या ज्यादा अंक प्राप्त करती है, जिस टीम के खिलाड़ी कुशल, योग्य व समर्थ होते हैं।

इस खेल के मूल कौशलों में गेंद फेंकने का तरीका, अनुशासन, पासिंग, टिप्पे डालना, गेंद को लुढ़काकर विपक्षी टीम की बास्केट की ओर ले जाने का कौशल आदि में प्रवीण खिलाड़ी ही टीम को जीत दिला सकते हैं।

मैदान में खेलनेवाली दोनों टीमों के बीच जीत-हार का फैसला अंकों के जरिए होता है। जो टीम सबसे ज्यादा अंक प्राप्त करती है, वही टीम विजयी घोषित की जाती है।

इस खेल में मैदान में खेलनेवाले सभी खिलाड़ियों की छाती तथा पीठ पर नंबर लगे रहते हैं अथवा लगे रहने चाहिए। ये नंबर चार से पंद्रह तक हो सकते हैं।

हमारे देश में बास्केटबॉल के कई ऐसे खिलाड़ी पैदा हुए, जिन्होंने इस खेल को भारत में पहचान दिलाई और लोकप्रिय बनाया। इन खिलाड़ियों में सर्वजीत सिंह, खुशी राम, गुरदयाल सिंह, हरिदत्त, हनुमान सिंह, मनमोहन सिंह, अब्बास, अनिल कुमार पुंज आदि शामिल हैं, जिन्होंने इस खेल को नई ऊँचाइयों पर पहुँचाया। इन खिलाड़ियों ने कई कीर्तिमान स्थापित किए। भारत से बाहर के देशों में खेलकर भारत का सम्मान बढ़ाया और कई महत्त्वपूर्ण प्रतियोगिताओं में जीत हासिल की।

कुछ खिलाड़ियों ने शौक के लिए इस खेल को अपनाया, तो कुछ खिलाड़ी पेशेवर बन गए, पर एक बात बिलकुल सच है कि यह खेल काफी रोचक व दिलचस्प है।

3

# खेल का मैदान

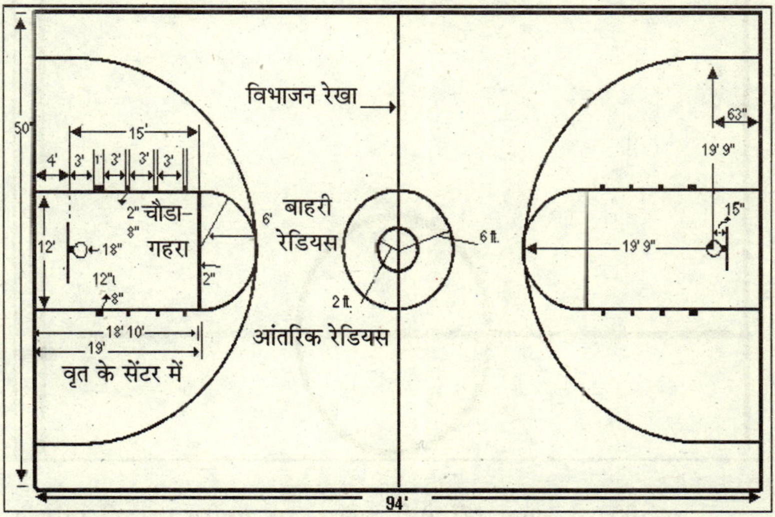


ऊपर दिए गए चित्र में बास्केटबॉल कोर्ट की माप दी गई है। इस चित्र को गौर से देखें और बिंदुओं पर ध्यान केंद्रित करें।

- आमतौर पर बास्केटबॉल कोर्ट की लंबाई 28 मीटर होती है। यह एक सामान्य माप है।
- बास्केटबॉल कोर्ट की चौड़ाई सामान्य तौर पर 15 मीटर रखी जा सकती है। अगर कोर्ट की लंबाई 28 मीटर है, तो कोर्ट की चौड़ाई

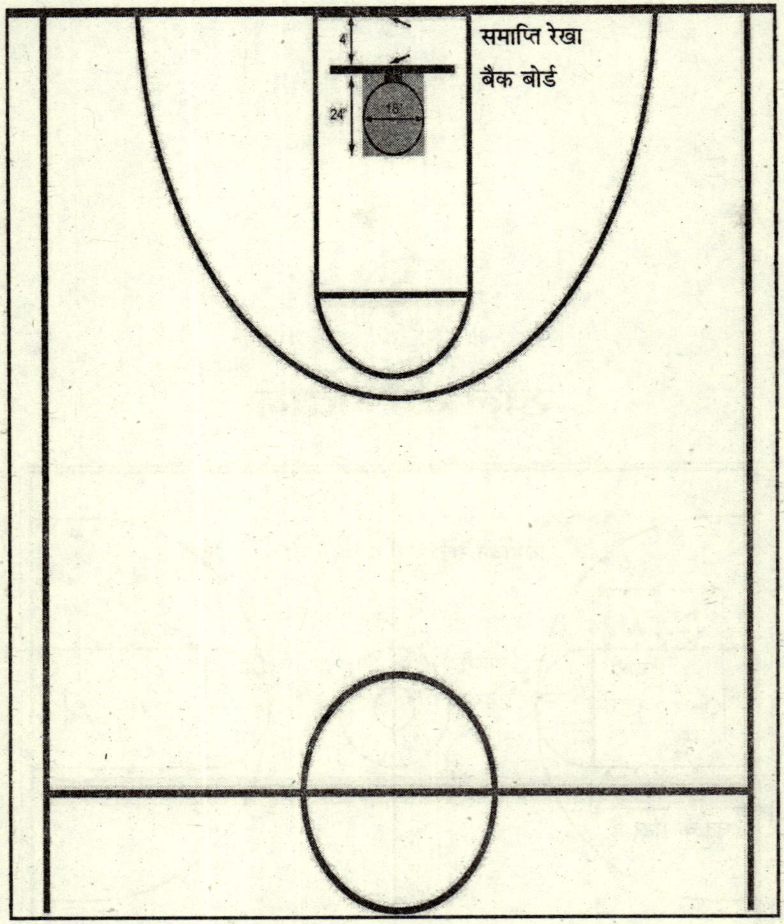


15 मीटर से ज्यादा नहीं होनी चाहिए। यह राष्ट्रीय स्तर की सामान्य माप है।

**राष्ट्रीय स्पर्द्धाओं के लिए बैक बोर्ड**

- जैसा कि मैंने आरंभ में ही बताया है कि खेल में अधिकतम खिलाड़ियों की संख्या बारह हो सकती है, लेकिन खेल के मैदान में पाँच-पाँच खिलाड़ी ही होते हैं। बाकी एक्सट्रा या अतिरिक्त खिलाड़ी होते हैं।

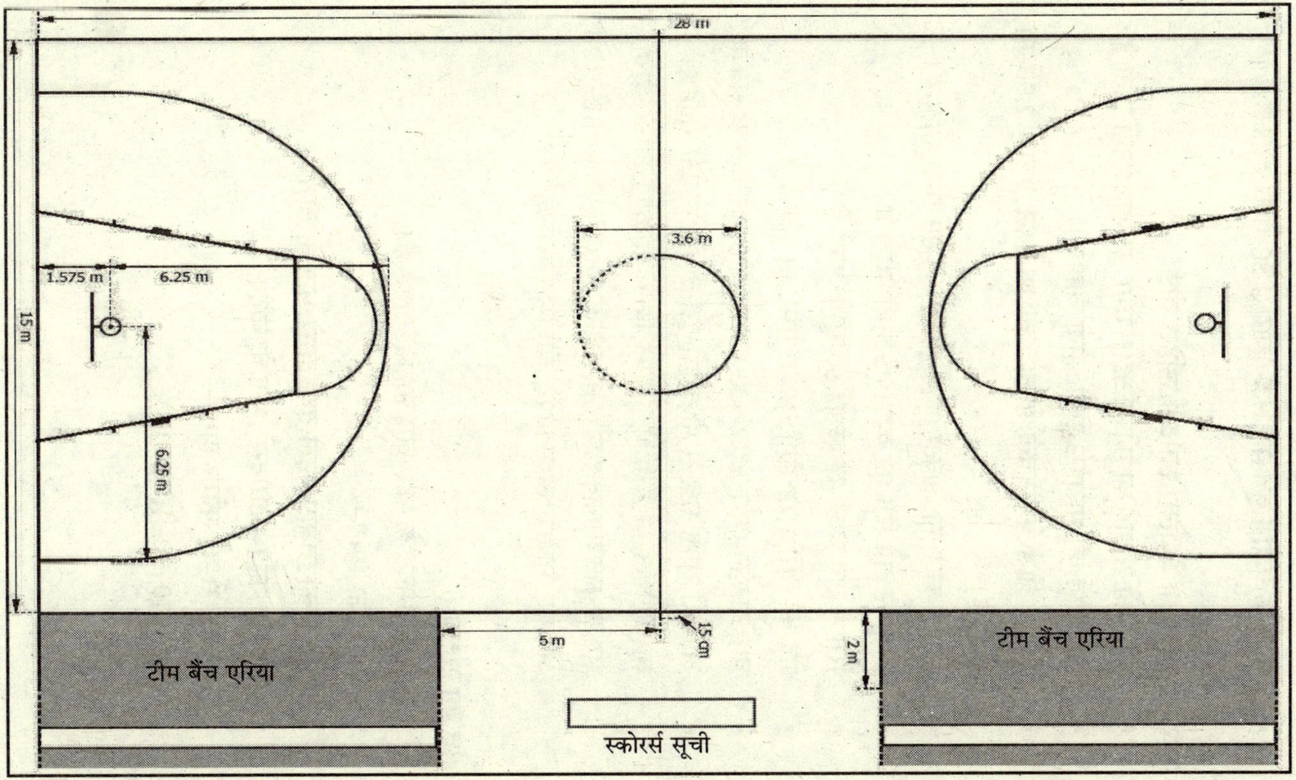
28 m
15 m
1.575 m
6.25 m
6.25 m
3.6 m
5 m
15 cm
2 m
टीम बैंच एरिया
टीम बैंच एरिया
स्कोरर्स सूची

- कोर्ट के केंद्रीय वृत्त का अर्द्ध-व्यास 1.80 मीटर होता है।

## राष्ट्रीय स्पर्द्धाओं के लिए स्पोर्ट्स सहित बोर्ड

- कोर्ट की सीमा रेखा की मोटाई 5 सेमी. से ज्यादा नहीं होती है।
- बैक बोर्ड की मोटाई 3 सेमी. होनी चाहिए।
- पिछले बोर्ड के निचले किनारे की धरती से ऊँचाई 2.90 मीटर होती है।
- पिछले बोर्ड का आकार 1.20 मीटर × 1.80 मीटर होता है।
- बोर्ड पर लगे रिंग का व्यास 45 सेमी. होता है।
- रिंग में लगे जाल की लंबाई 60 सेमी. होती है।
- गेंद की परिधि 75 सेमी. से 78 सेमी. हो सकती है।
- बास्केटबॉल गेंद का भार 600 ग्राम से 650 ग्राम तक हो सकता है।
- आखिरी सीमा रेखा से पोलो की दूरी दो मीटर होनी चाहिए।
- बास्केटबॉल के मैचों में नियुक्त किए जानेवाले अधिकारियों की संख्या कुल मिलाकर पाँच हो सकती है। ये अधिकारी हैं—रेफरी, अंपायर, स्कोरर, टाइमकीपर, चौबीस सेकेंड ऑपरेटर।

## मैच का समय

दस-दस मिनट के चार भाग में संपन्न होते हैं।

मध्यांतर का समय—

दो मिनट का विश्राम पहले तथा तीसरे भाग के बीच।

दस मिनट का विश्राम दूसरे भाग के बाद।

इस प्रकार से यह फीगर होगा—

(10–2–10–10–10–2–10)

# 4

# अंतरराष्ट्रीय टूर्नामेंट के लिए माप

उपरोक्त चित्र बैक बोर्ड का है। इसकी लंबाई-चौड़ाई क्रमश: 1.80 मीटर × 1.05 मीटर होती है। यह अंतरराष्ट्रीय टूर्नामेंटों के लिए निर्धारित किया गया है।

बास्केट को विभाजित करनेवाली रेखा 0.45 मीटर तथा इसकी लंबाई 0.59 मीटर रखी गई है। इसी क्रम में बैक बोर्ड को निर्धारित किया जाता है।

अब बास्केटबॉल खेल के अंतरराष्ट्रीय टूर्नामेंट्स में स्पोट्र्स सहित बोर्ड की स्थिति पर विचार करते हैं। देखिए यह चित्र—

**अंतरराष्ट्रीय स्पर्द्धाओं के लिए स्पोट्र्स सहित बोर्ड।**

5

# खेल का प्रारंभ

मैच शुरू होने से कम-से-कम बीस मिनट पूर्व प्रशिक्षक स्कोरर को खिलाड़ियों के नाम, उनके नंबरों, कप्तान, प्रशिक्षक और टीम के प्रबंधक के नाम से अवगत कराता है अर्थात् बीस मिनट पूर्व यह तय हो जाता है कि मैच में कौन-कौन खिलाड़ी खेलेंगे, कौन बाहर बैठेंगे, इसके साथ ही पूरी टीम का फैसला हो जाता है।

दोनों टीमों की स्थिति व विवरण प्राप्त हो जाने पर आगे की काररवाई की जाती है। यह विवरण अधिकारियों की मेजों तक पहुँचाया जाता है। एक बार यह तय हो जाने पर फिर उसमें बदलाव नहीं किया जा सकता है। अत: टीम के कप्तान व प्रबंधन पक्ष को सोच-विचारकर, आपसी परामर्श व सहमति के बाद ही घोषणा करनी चाहिए।

खेल निश्चित समय पर शुरू होता है। खेल शुरू होने के समय तक सारी तैयारियाँ पूरी कर ली जाती हैं। दोनों टीमों के खिलाड़ी यूनीफॉर्म में होते हैं। वे काफी चुस्त व एक्टिव नजर आते हैं।

कोर्ट में एक अजीब-सा रंगीन समा बँध जाता है। जैसे-जैसे घड़ी की सुइयाँ आगे बढ़ती जाती हैं, वैसे-वैसे खिलाड़ियों व अधिकारियों की एक्टिविटी बढ़ती जाती है।

जैसे ही मैच का टाइम स्टार्ट होता है, खेल प्रारंभ हो जाता है। खेल दोनों टीमों के बीच केंद्रीय वृत्त में गेंद को उछालकर आरंभ किया जाता है।

खेल आरंभ करने की यह विधि सभी पारियों के आरंभ में तथा हर एक अतिरिक्त समय के आरंभ में अपनाई जाती है।

जब केंद्रीय वृत्त में गेंद उछाली जाती है, तो उसको 'जंप बॉल' (Jump Ball) कहा जाता है। 'जंप बॉल' में संलग्न दोनों टीमों के खिलाड़ी काफी चुस्त नजर आते हैं। उनकी निगाह गेंद की उछाल तथा उछाल में उच्चतम ऊँचाई तक ही टिकी रहती है। इसके अलावा वे और कुछ नहीं देखते। यह दृश्य देखकर फिल्म की शूटिंग की अनायास याद ताजा हो जाती है। जब ऐक्टर या फिल्म के पात्र एक्शन के लिए सही समय का इंतजार करते हैं। जैसे ही वो सही समय आता है (जब डायरेक्टर कैमरा...एक्शन कहता है), फिल्म के पात्र एक्शन में संलिप्त हो जाते हैं। इसी का आभास कराता है 'जंप बॉल'।

जब तक गेंद उछाल में उच्चतम ऊँचाई तक न पहुँच जाए, तब तक उस गेंद से खेला नहीं जा सकता अथवा उसको थपकाया नहीं जा सकता है। अगर ऐसा किया जाता है, तो यह खेल के नियमों का उल्लंघन माना जाएगा। इस प्रकार से दोनों टीमों के कप्तान अथवा खिलाड़ी नियमों का पालन करते हुए गेंद के उच्चतम ऊँचाई तक पहुँचने का इंतजार करते हैं।

खेल प्रारंभ होने के समय या यूँ कह सकते हैं कि 'जंप बॉल' के समय शेष खिलाड़ी केंद्रीय वृत्त से बाहर रहते हैं। इस प्रकार से दोनों टीमों के आठ खिलाड़ी केंद्रीय वृत्त से बाहर रहते हैं। ये तब तक केंद्रीय वृत्त से बाहर रहते हैं, जब तक कि केंद्रीय वृत्त के खिलाड़ी गेंद को खेलने न लगे।

## खेल की अवधि

खेल दस-दस मिनट की चार पारियों में खेला जाता है।

खेल का मध्यकाल दो पारियों के बाद होता है। इसकी अवधि दस मिनट की होती है।

इसके अलावा प्रत्येक दो पारियों के बीच दो मिनट का विश्राम दिया जाता है।

# 6

# खेल में हार-जीत का फैसला

बास्केटबॉल के खेल में हार-जीत के फैसले का आधार अंकों से निर्धारित किया जाता है। यह अंक टीम को तभी प्राप्त होते हैं, जब टीम के खिलाड़ी द्वारा प्रतिद्वंद्वी टीम की बास्केट में गेंद को प्रवेश कराया जाता है। जो टीम गेंद को प्रतिद्वंद्वी टीम की बास्केट में प्रवेश करा है, उसको गोल कहा जाता है और टीम को अंक दिया जाता है। प्रतिद्वंद्वी टीम भी ऐसी चेष्टा करती है। इस प्रकार से दोनों टीमों के बीच मुकाबला जारी रहता है। खेल अत्यंत दिलचस्प व रोचक हो जाता है।

जैसे ही गेंद बास्केट में प्रवेश करती है, गोल मान लिया जाता है। गोल को बास्केट भी कहते हैं। जिस टीम ने गेंद को प्रतिद्वंद्वी टीम की बास्केट में पहुँचाया है, ऐसा कहा जाता है कि टीम ने प्रतिद्वंद्वी पर गोल कर लिया है। अब गोल करने की स्थिति पर एक नजर डालते हैं। इससे यह स्पष्ट हो जाएगा कि किस स्थिति में गोल करने पर टीम को क्या अंक मिलेंगे।

- यदि कोई टीम थ्रो-प्वॉइंट लाइन से गोल करती है, तो उस टीम को दो अंक दिए जाएँगे।
- यदि कोई टीम थ्रो-प्वॉइंट लाइन के दूर से विपक्षी टीम की बास्केट में गेंद पहुँचाती है अथवा गोल करती है—सरल शब्दों में कहा जा

सकता है कि फील्ड गोल करती है, तो उस टीम को तीन अंकों का लाभ मिलेगा।

- यदि कोई टीम 'फ्री थ्रो' से गोल करती है, तो उसे एक अंक दिया जाएगा। अर्थात् 'फ्री थ्रो' द्वारा बनाए जानेवाले गोल से एक अंक प्राप्त होता है।
- यदि खेल में निर्धारित समय के अंत में दोनों टीमों का स्कोर बराबर होता है, तो खेल का निर्णय करने के लिए पाँच-पाँच मिनट का अतिरिक्त समय दिया जाता है। इसके पीछे यह विचार होता है कि संभवतः इस अतिरिक्त समय में कोई-न-कोई टीम अतिरिक्त अंक जोड़ने में कामयाब हो जाएगी। तब मैच में हार-जीत का फैसला स्वतः हो जाता है, क्योंकि सर्वाधिक अंक प्राप्त करनेवाली टीम ही विजेता टीम घोषित की जाती है।
- अतिरिक्त समय (पाँच मिनट) को आरंभ करने से पूर्व दो मिनट का विश्राम दिया जाता है। इस अवधि में दोनों टीमें गोल करने की रणनीति बना लेती हैं। इस अतिरिक्त समय में होनेवाला खेल अत्यंत रोमांचक होता है, क्योंकि दोनों टीमें 'करो या मरो' की तरह उतरती हैं।

7

# बास्केटबॉल के खेल में ड्रिबलिंग

ड्रिबलिंग (Dribbling) का सामान्य अर्थ होता है—गेंद को आगे बढ़ाना। चूँकि बास्केटबॉल का खेल हाथों से खेला जाता है, अत: इसमें खिलाड़ी गेंद के साथ आगे बढ़ता है।

सबसे पहले गेंद पर नियंत्रण पाने की कोशिश की जाती है। जब गेंद खिलाड़ी के अधिकार में आ जाती है अथवा खिलाड़ी का एक बार गेंद पर नियंत्रण हो जाए, तो वह गेंद को लेकर विपक्षी टीम की बास्केट की ओर बढ़ जाता है। उस दौरान उसमें गजब की फुरती व चुस्ती देखी जाती है। खिलाड़ी जिस तरह से बास्केट की ओर बढ़ता है, वह देखने लायक होता है।

ड्रिबलिंग करनेवाला खिलाड़ी गेंद को फेंककर अथवा उसे लुढ़काकर अथवा गेंद को थपकी देते हुए तथा टिप्पे डालकर आगे बढ़ाता जाता है, जिधर विपक्षी टीम की बास्केट होती है।

**ड्रिबलिंग में खिलाड़ी को कुछ तथ्यों व नियमों का खयाल रखना चाहिए—**

- गेंद की ड्रिबलिंग की क्रिया को धरती पर टिप्पे डालकर प्रारंभ करना चाहिए अर्थात् खिलाड़ी को चाहिए, जो ड्रिबलिंग करना चाहता हो अथवा ड्रिबलिंग के लिए गेंद को अपने नियंत्रण में

लिया हो, सबसे पहले गेंद से धरती पर टिप्पे डालकर फिर उसे आगे बढ़ाना आवश्यक है।

- खिलाड़ी टिप्पा समाप्त करने से पूर्व वह जितने कदम लेना या उठाना चाहे, उठा सकता है या ले सकता है।
- अगर ड्रिबलिंग करनेवाला खिलाड़ी गेंद लेकर आगे बढ़ रहा हो, तो उसे गेंद को दोनों हाथों से नहीं छूना चाहिए। अन्यथा उसका ड्रिबलिंग समाप्त माना जाएगा। जब वह ऐसा करता है, उसी समय उसकी ड्रिबलिंग क्रिया समाप्त हो जाती है।
- ड्रिबलिंग करनेवाला खिलाड़ी ऐसा भी नहीं कर सकता है (यह नियमों का उल्लंघन माना जाएगा)—

→ गेंद को एक हाथ में कुछ समय के लिए थमने देता है।

→ गेंद को दोनों हाथों में कुछ समय के लिए थामकर रखता हो, ऐसी स्थिति में उसकी ड्रिबलिंग क्रिया तुरंत समाप्त हो जाती है, क्योंकि यह नियमों का उल्लंघन माना जाता है।

एक बार ऐसा हो जाने पर (उपरोक्त स्थिति में) खिलाड़ी फिर से टिप्पे डालना आरंभ नहीं करेगा, जब तक कि गेंद किसी दूसरे खिलाड़ी को न छू ले अथवा दूसरा खिलाड़ी गेंद से खेलने न लग जाए। कहने का अर्थ यह है कि उपरोक्त स्थिति कायम होने पर ड्रिबलिंग का पहला प्रयास उसी समय समाप्त हो जाता है। इसके बाद खिलाड़ी को ड्रिबलिंग का दूसरा प्रयास करना चाहिए। यह दूसरा प्रयास तभी संभव है, जब कोई दूसरा खिलाड़ी गेंद से खेलने न लग जाए। उस खिलाड़ी से गेंद अपने नियंत्रण में लेने के बाद फिर से ड्रिबलिंग आरंभ की जा सकती है।

### वायु ड्रिबलिंग (Air Dribbling)

हालाँकि गेंद को आगे बढ़ाने की क्रिया अर्थात् ड्रिबलिंग, गेंद को हवा में उछालकर गेंद को वापस फर्श पर गिरने से पूर्व दोबारा छूकर किया जा सकता है। इसको वायु ड्रिबलिंग कहा जाता है। लेकिन इस प्रकार का ड्रिबल

आरंभ में केवल एक बार ही किया जा सकता है।

बास्केटबॉल के खेल में ड्रिबलिंग अत्यंत महत्त्वपूर्ण खेल–कौशल है। इस कौशल में हर खिलाड़ी को पारंगत होना चाहिए, क्योंकि एक अच्छा ड्रिबलर ही टीम को जीत दिला सकता है और विपक्षी टीम पर दबाव डाल सकता है।

# 8

# बास्केटबॉल के सामान्य नियम (क)

### *सेकेंड रूल (Second Rule)*

इस खेल के सामान्य नियमों में होल्ड बॉल, गेंद क्षेत्र से बाहर, 3 सेकेंड्स रूल, 5 सेकेंड्स रूल, 8 सेकेंड्स रूल, 20 सेकेंड रूल, 24 सेकेंड्स रूल, डेड बॉल, टाइम आउट, बॉल रिटर्न टू बैक कोर्ट आदि के नियम बनाए गए हैं। अतः खिलाड़ियों को इसका ध्यान रखना चाहिए।

खेल से जुड़े इन सामान्य नियमों व तकनीकी बातों की जानकारी पाठकों को होनी चाहिए। अतः इस अध्याय के अंतर्गत मैं इन्हीं बातों पर आपका ध्यान आकृष्ट करना चाहूँगा। सबसे पहले हम इस खेल के 'सेकेंड नियम' (Second Rule) पर गौर करते हैं।

### सेकेंड रूल

इस खेल में सेकेंड रूल का अत्यंत महत्त्व है। यह कई प्रकार का होता है। जैसे तीन सेकेंड का नियम (Three Seconds Rule), पाँच सेकेंड का नियम (Five Seconds Rule), आठ सेकेंड का नियम (Eight Seconds Rule), चौबीस सेकेंड का नियम (Twenty four Seconds Rule) और बीस सेकेंड का नियम (Twenty Seconds Rule)।

**तीन सेकेंड का नियम**

इस नियम के अंतर्गत कोई खिलाड़ी जब गेंद उसकी टीम के किसी खिलाड़ी या खिलाड़ियों के अधिकार में हो विपक्षी टीम के प्रतिबंधित क्षेत्र में तीन सेकेंड से ज्यादा समय तक नहीं रह सकता है। यही 'तीन सेकेंड का नियम' (Three seconds rule) कहलाता है।

इस नियम का खास तौर पर खयाल रखना चाहिए। इस नियम का एक दूसरा पहलू भी है। इसके अनुसार जब गेंद गोल करने के लिए खिलाड़ी उछाल रहा होता है, तो यहाँ उपरोक्त नियम लागू नहीं होगा। यह नियम उस समय भी लागू नहीं होगा, जब गेंद बैक बोर्ड से टकराकर वापस आ रही हो।

प्रशिक्षक खिलाड़ियों को 'तीन सेकेंड का नियम' पालन कराते हुए अथवा उसकी व्यावहारिक जानकारी देते हुए इसके विभिन्न पहलुओं पर प्रकाश डालता है। एक खिलाड़ी को इस नियम के पॉजिटिव पक्ष का उतना ही खयाल रखना चाहिए, जितना कि वह इसके नकारात्मक पक्ष के प्रति सजग रहता है। तभी वह खेल में उसका पूरा लाभ उठा सकेगा।

**पाँच सेकेंड का नियम**

विपक्षी टीम के खिलाड़ियों से घिरा ऐसा कोई खिलाड़ी जो गेंद को पकड़ रखा हो अथवा गेंद पकड़े हुए हो, उसे पाँच सेकेंड का ही वक्त मिलता है मूवमेंट का। इस दौरान खिलाड़ी को गेंद किसी की ओर पास करना चाहिए अथवा टिप्पे डालना चाहिए (इस तरह से वह ड्रिबलिंग आरंभ कर सकता है या फिर वह इस दौरान गोल के लिए प्रयास कर सकता है। खिलाड़ी को यह ध्यान रखना चाहिए कि उसके पास सिर्फ पाँच सेकेंड का समय रहता है। इससे ज्यादा समय तक वह गेंद को होल्ड नहीं कर सकता है। अगर निर्धारित समय से ज्यादा समय तक वह गेंद होल्ड किए रहता है, तो बास्केटबॉल के नियमों का उल्लंघन माना जाएगा।

अमूमन खिलाड़ी पाँच सेकेंड के नियम में ड्रिबलिंग करना ज्यादा पसंद करते हैं। उन्हें ऐसा करना भी चाहिए, फिर भी ऐसे खिलाड़ियों को

सलाह दी जाती है कि या तो वे ड्रिबलिंग करके गेंद को विपक्षी टीम की बास्केट की ओर बढ़ाएँ अथवा ऐसा करना मुमकिन न हो अथवा इसमें समर्थ न होने पर गेंद पास कर दें। इस तरह से गेंद को विपक्षी की बास्केट में पहुँचाने का प्रयत्न करना चाहिए (गोल का प्रयास करना चाहिए)।

**आठ सेकेंड का नियम**

अगर कोई खिलाड़ी अपने खेल क्षेत्र के पृष्ठ भाग में (पिछले भाग में) गेंद प्राप्त करता हो, तो उसे आठ सेकेंड के अंदर गेंद को अपने आगे के खेल क्षेत्र में ले जाना चाहिए। कहने का सरल अर्थ यह होगा कि उपरोक्त स्थिति में गेंद प्राप्त करने पर खिलाड़ी आठ सेकेंड से ज्यादा समय तक गेंद को पकड़कर नहीं रख सकता। अन्यथा नियमों का उल्लंघन माना जाएगा। इनसे बचने के लिए यही ठीक रहेगा कि गेंद को आगे की तरफ ले जाया जाए। अमूमन खिलाड़ी उपरोक्त स्थिति में ऐसा ही करते हैं और आठ सेकेंड के भीतर गेंद को अपने आगे के खेल क्षेत्र में बढ़ा देते हैं।

**बीस सेकेंड का नियम**

अगर किसी टीम के कप्तान को लगता है कि उसका कोई खिलाड़ी उस स्थिति में नहीं है कि वह अपना खेल जारी रख सके। ऐसा संभवत: चोटों के कारण अथवा दुर्घटना के बीच हो सकता है अथवा खेलते समय खिलाड़ी के शरीर को आघात पहुँचे अथवा उसका कोई पुराना दर्द उभर आए— इस तरह की कोई भी आकस्मिक स्थिति होने पर कप्तान खिलाड़ी बदलना चाहता है। ऐसी स्थिति में टीम पक्ष को मात्र बीस सेकेंड का समय दिया जाता है। अगर कोई टीम खिलाड़ी बदलने में इससे ज्यादा वक्त लेती है, तो बास्केटबॉल के नियमों के अनुसार टीम को 'टाइम आउट' (Time-Out) दिया जाता है।

यहाँ 'टाइम आउट' के बारे में पाठकों को बता दूँ कि प्रत्येक टीम को पहली, दूसरी तथा तीसरी पारी में एक-एक 'टाइम आउट' तथा चौथी पारी

में दो 'टाइम आउट' दिए जा सकते हैं। कोई टीम 'टाइम आउट' की प्रार्थना तभी कर सकती है, जब कोई आकस्मिक स्थिति आ जाती है या फिर गेंद मृत (Dead) हो जाए। 'टाइम आउट' के लिए एक मिनट का समय दिया जा सकता है। इस तरह से नियम समय के भीतर खिलाड़ी नहीं बदलने पर टीम को एक मिनट का 'टाइम आउट' प्राप्त होगा। दूसरे शब्दों में कह सकते हैं कि टीम के 'टाइम आउट' के अधिकारों में एक अधिकार कम हो जाएगा।

## चौबीस सेकेंड का नियम

बास्केटबॉल का यह महत्त्वपूर्ण नियम है। इस नियम के तहत ऐसी टीम को, जो गेंद को अपने नियंत्रण में रखती है, मात्र चौबीस सेकेंड का समय दिया जाता है। इस दौरान यह टीम, जिसका गेंद पर अधिकार रहता है, विपक्षी पर गोल करने का प्रयास करती है।

ऐसी टीम को सलाह दी जाती है कि वह '24 सेकेंड का नियम' को ध्यान में रखते हुए निर्धारित समय के अंदर ही विपक्षी टीम पर गोल करने का प्रयास करे। अन्यथा यह नियमों का उल्लंघन माना जाएगा। इस तरह से गेंद को अलग-अलग खेल क्षेत्रों में प्राप्त करने और होल्ड रखने के समय निर्धारित किए गए हैं। खिलाड़ियों को वक्त का ध्यान रखते हुए ही परफॉर्मेंस देना चाहिए।

# 9

# बास्केटबॉल के सामान्य नियम (ख)

**गेंद और क्षेत्र के नियम**

इस भाग में पाठकों को बास्केटबॉल की गेंद व खेल क्षेत्र से जुड़े नियमों की जानकारी देना चाहता हूँ।

सबसे पहले इस खेल में होल्डिंग बॉल (Holding Ball) की तकनीकी व कौशल की जानकारी प्राप्त करते हैं। होल्डिंग बॉल यानी पकड़ी हुई गेंद क्या है?

प्राय: होल्डिंग बॉल की स्थिति खेल आरंभ होने के समय दिख सकती है। जैसाकि आप जानते हैं कि यह खेल दो विपरीत टीमों के खिलाड़ियों के बीच केंद्रीय वृत्त में गेंद को उछालकर आरंभ किया जाता है। इस दौरान दोनों टीमों के शेष खिलाड़ी केंद्रीय वृत्त से बाहर रहते हैं।

केंद्रीय वृत्त में गेंद को उछालने के क्रम में कभी-कभी ऐसी भी स्थिति आ जाती है कि विपक्षी टीमों के दोनों खिलाड़ी गेंद को दृढ़ता से पकड़कर रखते हैं। ऐसा अचानक हो सकता है अथवा रणनीति के तहत हो सकता है या अनजाने में भी ऐसा होना संभव है, इसी को पकड़ी हुई गेंद अथवा होल्डिंग बॉल कहते हैं।

होल्डिंग बॉल की स्थिति में खेल को फिर से आरंभ करना आवश्यक होता है। ऐसी स्थिति में पास के वृत्त से दोनों खिलाड़ियों के बीच गेंद को

उछालकर खेल फिर से आरंभ किया जाता है।

अब देखते हैं कि कौन सी गेंद क्षेत्र से बाहर मानी जाएगी, गेंद की वह स्थिति क्या है तथा इसका आकलन करने का सूत्र क्या हो सकता है, गेंद को किस प्रकार पिछले क्षेत्र में ले जाया जाता है, आदि स्थिति पर विचार करते हैं।

सबसे पहले गेंद और खेल क्षेत्र के नियमों पर एक नजर डालते हैं—
वह गेंद क्षेत्र से बाहर मानी जाएगी; यदि—

- खिलाड़ी, जिसके हाथ में गेंद रहती है, खेल क्षेत्र से बाहर की भूमि को स्पर्श करता है अथवा गेंद खेल क्षेत्र से बाहर पहुँच जाए अथवा बाहर ग्राउंड को स्पर्श करती हो।
- यहाँ खिलाड़ियों को यह ध्यान रखना चाहिए कि गेंद उछालते समय अगर गेंद ऊँचाई पर ऐसी स्थिति में हो कि वह क्षेत्र से बाहर प्रतीत हो, तो चिंता करने की बात नहीं है, क्योंकि जब तक गेंद नीचे आकर बाहर की ग्राउंड को छू न ले, तब तक कोई खतरा नहीं है। बाहर की धरती को छूने पर ही गेंद को खेल क्षेत्र से बाहर माना जाएगा, अन्यथा नहीं। इसलिए हवा में उठी हुई या दिशा भ्रम गेंद पर ध्यान देने की बजाए अपने एक्शन पर गौर करें। बाहर जाती हुई गेंद को नीचे गिरने से पूर्व उसे अंदर लाया जा सकता है। एक कुशल खिलाड़ी ऐसा करने में समर्थ रहता है।
- अगर ऐसा नहीं होता है और गेंद क्षेत्र से बाहर चली जाए, तो खेल रुक जाता है। ऐसी स्थिति में बाहर फेंकी गई गेंद को साइड रेखा से अंदर फेंककर खेल फिर से आरंभ किया जाता है।

अब गेंद की उस स्थिति पर विचार करते हैं, जब वह पिछले खेल क्षेत्र (Ball Returned to Back Court) में ले जाई जाती है, इसके तहत भी नियम बनाए गए हैं।

नियमों के अनुसार जिस टीम का अपने आगे के खेल क्षेत्र में गेंद पर अधिकार अथवा नियंत्रण हो, वह गेंद को अपने पिछले खेल क्षेत्र में नहीं ले

जा सकती है अर्थात् टीम को यह अधिकार नहीं है कि वह गेंद को अपने पिछले खेल क्षेत्र में ले जा सके, अगर गेंद टीम के अगले खेल क्षेत्र में प्राप्त की गई हो। ऐसा नहीं होने पर इसे सीधे-सीधे खेल के नियमों के उल्लंघन से जोड़ दिया जाता है।

**गेंद कब मृत (Dead) मानी जाती है?**

मृत गेंद यानी Dead Ball। बास्केटबॉल खेल के नियमों में मृत गेंद की परिभाषा दी गई है। सामान्य अर्थ में मृत गेंद को कहा जाता है—ऐसी गेंद, जो किसी काम में न आए। गेंद में कोई हरकत न हो अथवा सजीवता का कोई लक्षण मौजूद न हो, लेकिन बास्केटबॉल के खेल में मृत गेंद के मायने गहराइयों में उतरे होते हैं अर्थात् यह सरल रूप में न होकर उसके भाव रूप में विद्यमान रहते हैं।

इस खेल में मृत गेंद की अग्रलिखित भिन्न-भिन्न स्थितियों पर विचार करते हैं—

- कोई गेंद तब मृत मानी जाएगी, जब एक गोल हो जाए। इसका भाव संभवतः यह हो सकता है कि अब गेंद खेलने योग्य नहीं होगी, क्योंकि वह अपने अंतिम लक्ष्य को प्राप्त कर चुकी होती है।
- जब गेंद खेल में तथा अधिकारी (रेफरी) सीटी बजा दे अर्थात् गेंद एक्शन खाने के योग्य नहीं है, तो ऐसा समझा जाता है।
- ऐसे फ्री थ्रो के समाप्त होने पर, जिसके पश्चात् एक और फ्री थ्रो होना हो।

उपरोक्त स्थितियों में गेंद मृत मानी जाती है।

# 10

# बास्केटबॉल के सामान्य नियम (ग)

## *खेल-उल्लंघन और फाउल*

## *(Violation & Foul)*

कोई भी कार्य हो, उसको करने के नियम बनाए गए हैं, तभी वह कार्य सफल होता है। इसी तरह खेल में नियम बने हैं। बास्केटबॉल के खेल नियमों की यहाँ चर्चा की जा रही है, अतः इसी से संबंधित खेल नियमों के उल्लंघन की बात करेंगे।

अब तक मैंने पिछले अध्यायों में खेल नियमों के उल्लंघन की थोड़ी जानकारी दी है, जिन पर आपने संभवतः गौर किया होगा। शेष उल्लंघन व फाउल की जानकारी यहाँ दी जा रही है—

**उल्लंघन**

निम्न स्थितियों में खेल नियमों का उल्लंघन माना जाएगा—

- जब कोई खिलाड़ी गेंद के साथ चलता अथवा भागता हो।
- जब कोई खिलाड़ी गेंद पर अपनी झुँझलाहट का प्रदर्शन करता है; जैसे— वह गेंद पर मुक्के से प्रहार करता है अथवा उसे पैर से किक करता हो।
- जब खिलाड़ी गेंद को खेल क्षेत्र से बाहर भेज देता है अथवा गेंद खेल क्षेत्र से बाहर पहुँच जाती हो।

जंप बॉल

खिलाड़ी नियंत्रण फाउल

ट्रैवलिंग

टैक्निकल

3 सेकंड उल्लंघन

प्वॉइंट्स स्कोर (1 या 2 उँगली)

निजी फाउल

3 प्वॉइंस शॉट

ब्लॉकिंग

- खेल आरंभ होने के समय उल्लंघन की चर्चा हम कर चुके हैं।
- 'सेकेंड-नियमों' के समय उल्लंघन की चर्चा की जा चुकी है।

यहाँ यह ध्यान रखना चाहिए कि उल्लंघन चाहे जिस टीम या टीम के खिलाड़ी से होता हो, इसका लाभ विपक्षी टीम को प्राप्त होता है। यह सभी खेलों में उल्लंघन के लाभों को देखा गया है कि विपक्षी टीम ही हमेशा फायदे में होती है। अत: खिलाड़ियों को उल्लंघन से यथासंभव बचने की चेष्टा करनी चाहिए।

इस खेल में जब कोई उल्लंघन होता है, तो विपक्षी टीम को गेंद दे दी जाती है। वह टीम गेंद को एक ओर की रेखा से फेंककर खेल आरंभ करती

है अर्थात् गेंद विपक्षी के नियंत्रण में चली जाती है। गेंद को उसी स्थान अथवा आस-पास से फेंकना चाहिए, जहाँ उल्लंघन होता है।

**फाउल (Foul)**

इस खेल में फाउल कई प्रकार के होते हैं। फाउल का शाब्दिक अर्थ होता है—नियम विरुद्ध आचरण या बेईमानी...। इस खेल में भी खिलाड़ियों के द्वारा नियम तोड़ने की बात कोई आश्चर्यजनक घटना नहीं है।

आइए देखते हैं—इस खेल में खिलाड़ी कैसे फाउल करते हैं।

- जब टीम का कोई खिलाड़ी प्रतिद्वंद्वी टीम के किसी दूसरे खिलाड़ी का रास्ता रोके अथवा रोकने की चेष्टा करे, तो फाउल माना जाता है।
- जब कोई खिलाड़ी दूसरे दल के खिलाड़ी को एक्शन से रोक लेता है अथवा उसे एक्शन करने नहीं देता है, तो यह भी फाउल माना जाएगा।
- इसी प्रकार से टीम का कोई खिलाड़ी खेल के दौरान विपरीत टीम के खिलाड़ी को नहीं धकेल सकता है। अगर वह दूसरे खिलाड़ी को धकेलने अथवा धक्का लगाने की चेष्टा करता है, तो यह फाउल माना जाएगा।
- प्रहार के लिए दौड़ लगाने को भी फाउल के अंतर्गत रखा जाता है।

उपरोक्त प्रकार के फाउल 'व्यक्तिगत फाउल' कहलाते हैं, ये काफी गंभीर होते हैं तथा ऐसे फाउलों की सजा भी काफी गंभीर हो सकती है।

अब फाउल की ऐसी श्रेणी पर विचार करते हैं, जिसमें एक साथ दो खिलाड़ी फाउल करते हुए पकड़े जाते हैं। ऐसा जानबूझकर अथवा आकस्मिक रूप से हो सकता है।

जब दो टीमों के प्रतिद्वंद्वी खिलाड़ी एक ही समय कोई फाउल करते हैं, तो उसे 'डबल फाउल' कहा जाता है। डबल फाउल की स्थिति में निकटवर्ती क्षेत्र से गेंद को उछालकर खेल दोबारा शुरू करवाया जाता है।

**मल्टीपल फाउल**

मल्टीपल फाउल में एक साथ कई खिलाड़ी फाउल करते हैं। जैसे अगर किसी टीम के किसी खिलाड़ी के विरुद्ध प्रतिद्वंद्वी टीम के कई खिलाड़ी एक साथ विरुद्ध आचरण करने लगें अथवा सामूहिक रूप से किया जानेवाला फाउल, जैसे प्रतिद्वंद्वी का रास्ता रोका जाता है, उसे नुकसान पहुँचाने की चेष्टा की जाती है अथवा उसको धकेलने का प्रयास किया जाता है अथवा उसको डिस्टर्ब करने की सामूहिक चेष्टा एक साथ की जाती है, तो ऐसे फाउल को मल्टीपल फाउल कहा जाता है।

इस खेल में मल्टीपल फाउल करनेवाली टीम को काफी नुकसान उठाना पड़ता है, चूँकि यह प्रत्येक खिलाड़ी का व्यक्तिगत फाउल माना जाता है; अतः ऐसी टीम के खिलाफ उस टीम को दो मुफ्त थ्रो का लाभ मिल जाता है, जिस टीम के खिलाड़ी के विरुद्ध मल्टीपल फाउल किया गया हो।

यदि ऐसे फाउल के समय खिलाड़ी गोल कर देता है, तो उसे एक मुफ्त थ्रो और दिया जाता है।

**तकनीकी फाउल**

तकनीकी फाउल का सीधा संबंध खिलाड़ी द्वारा प्रत्यक्ष फाउल से होता है। ऊपर आपने जिन फाउलों के बारे में पढ़ा है, ये ऐसे फाउल होते हैं, जो मैच के दौरान आकस्मिक रूप से अथवा परिस्थितिवश या अनजाने में घटित होते हैं। इसके अनुरूप ही दंड का नियम है, लेकिन इस फाउल में, जो सीधे-सीधे खिलाड़ियों की उद्दंडता तथा उनके द्वारा किए जानेवाले दुर्व्यवहार की ओर इशारा करता है, काफी गंभीर मामला समझा जाता है।

तकनीकी फाउल से इस बात का भी पता चलता है कि खिलाड़ियों का प्रशिक्षण कैसा है तथा उनका खेल-अनुशासन किस घटिया स्तर का है।

तकनीकी फाउल की कुछ स्थितियों पर गौर करते हैं—

- खिलाड़ी अपना मानसिक संतुलन खो देता है। ऐसा लगातार पड़ते दबाव के कारण हो सकता है अथवा परफॉर्मेंस न कर पाने का क्षोभ या वक्त

का साथ न देना इत्यादि संभव है। बहरहाल अपना आपा खोकर खिलाड़ी गाली-गलौज करने लगता है। जरा-जरा सी बात पर झुंझला उठता है और प्रतिद्वंद्वी टीम के खिलाड़ी को नीचा दिखाने लगता है।

- तकनीकी फाउल में खिलाड़ी हद से ज्यादा गुजर जाता है। गुस्से में खिलाड़ी अपना धैर्य खोने लगता है। वह अपना होश खो बैठता है। उसे अच्छे-बुरे की समझ नहीं होती। वह यहाँ तक कि खेल अधिकारियों से बहस करने लगता है तथा अधिकारी का अपमान करने लग जाता है।
- लगातार झेलते दबाव तथा गोल खाने के बाद जब ऐसा लगता है कि टीम मैच पर से अपना नियंत्रण खोती जा रही है, तब खिलाड़ी या कप्तान खेल को जान-बूझकर डिस्टर्ब करने की कोशिश करता है। उसकी भरसक यही चेष्टा रहती है कि किसी तरह खेल निलंबित हो सके।
- तकनीकी फाउल उस स्थिति में भी संभव है, जब स्कोरर को बिना बताए खिलाड़ी कोर्ट में स्थानापन्न खिलाड़ी के रूप में प्रवेश करता है।

आइए देखते हैं, तकनीकी फाउल करने पर खिलाड़ी को क्या सजा दी जाती है—

- यदि कोई खिलाड़ी व्यक्तिगत या तकनीकी रूप से पाँच फाउल करता है, तो उस खिलाड़ी को मैच से बाहर कर दिया जाता है। पहले के पाँच से कम फाउलों में खिलाड़ी के फाउल करने पर उसकी गलती का खामियाजा टीम को भुगतना पड़ता है, जिसकी चर्चा हम पहले ही कर चुके हैं। खेल अधिकारी टीम के विरुद्ध दंड लगाकर उस खिलाड़ी को वॉर्न करते हैं, जो फाउल करता है। शायद इस तरह से खिलाड़ी को एक मौका दिया जाता है कि वह अब भी वक्त है, सुधर जाए। अगर खिलाड़ी चेत गया, तो ठीक। इस तरह से अधिकतम चार बार खिलाड़ी को चेतावनी दी जाती है। चारों बार खिलाड़ी की टीम को उसकी गलती की सजा भुगतनी पड़ती है। अगर चार बार (अधिकतम संख्या) दी गई चेतावनी (व्यक्तिगत या तकनीकी फाउल में) के बावजूद खिलाड़ी नहीं सँभलता है, तो आखिरी बार पाँचवें फाउल में उसे मैच से निकालने की घोषणा

कर दी जाती है। यह पाँचवाँ फाउल खिलाड़ी को काफी महँगा पड़ता है। यहाँ उसका व्यक्तिगत नुकसान होता है। अतः खिलाड़ियों को चाहिए कि वह मैच के दौरान ऐसी गलतियों से सबक लें और भविष्य में गलतियों की पुनरावृत्ति न करें। मैच से निकालने जाने पर खिलाड़ी के आत्मविश्वास में ह्रास आता है। यहाँ तक कि उसका खेल कॅरियर भी तबाह हो सकता है।

**एक टीम द्वारा सात फाउल**

जब किसी टीम द्वारा खेल के किसी हाफ में सात व्यक्तिगत अथवा तकनीकी फाउल हो जाए अर्थात् टीम के खिलाड़ी अथवा खिलाड़ियों द्वारा हाफ में ही व्यक्तिगत अथवा सामूहिक रूप से व्यक्तिगत अथवा तकनीकी दोनों स्तरों के फाउलों की संख्या बढ़कर सात हो जाए, तो ये फाउल टीम के लिए काफी गंभीर मसला बन सकते हैं। इस प्रकार की सभी त्रुटियों के लिए बास्केटबॉल के इस खेल में नियम बनाए गए हैं। सात फाउल किसी टीम द्वारा होने पर वहाँ एक और नियम लागू होता है।

इस नियम के तहत जिस खिलाड़ी के विरुद्ध फाउल किया जाता है, उसे एक फ्री थ्रो दिया जाता है। यदि यह 'फ्री थ्रो' सफल हो जाए, तो उस खिलाड़ी को एक और फ्री थ्रो दिया जाता है। लेकिन यदि खिलाड़ी पहले प्रयास में सफल नहीं हुआ, तो उसे दूसरा फ्री थ्रो नहीं दिया जाएगा। अतः खिलाड़ी को इस नियम का ध्यान रखते हुए कुशलता व सूझ-बूझ के साथ दो-दो फ्री थ्रो का लाभ उठाना चाहिए।

# 11

# खिलाड़ी फाउल क्यों करते हैं?

**खेलों में फाउल रोकने के उपाय**

खिलाड़ी फाउल क्यों करते हैं तथा खेलों में फाउल रोकने के लिए क्या कदम उठाए जा सकते हैं—इसको जानने-समझने के लिए हमें खिलाड़ी की शारीरिक सक्षमता तथा सुयोग्यता का अर्थ तथा उसका महत्त्व समझना होगा, क्योंकि शारीरिक सक्षमता और सुयोग्यता का संपर्क खिलाड़ी के अनुशासन में रहने की क्षमता से भी है—दूसरे शब्दों में कह सकते हैं कि इसका संबंध प्रत्यक्ष या परोक्ष रूप से फाउल से भी है। अगर खिलाड़ी शारीरिक रूप से सक्षम है, तो उसमें खेलों के दौरान दबाव को झेलने की क्षमता होती है। ऐसी स्थिति में वह फाउल करने की ओर अग्रसर नहीं होगा तथा अपना सारा ध्यान खेल व अनुशासन पर टिकाए रखता है।

सामान्य रूप से शारीरिक सक्षमता का अर्थ किसी व्यक्ति के दैनिक कार्य करने की क्षमता से लगाया जाता है, जिसे वह बिना थके करता है; लेकिन वास्तव में शारीरिक सक्षमता का अर्थ शक्ति और सहन-क्षमता तक ही सीमित नहीं है, बल्कि उसका अर्थ व्यापक है।

शारीरिक सक्षमता का अर्थ अच्छे स्वास्थ्य के साथ-साथ व्यक्ति की उस क्षमता से है, जिसके फलस्वरूप वह प्रतिदिन के कार्य करता है, खेलों में भाग लेता है और किसी आकस्मिक घटना तथा समस्या का सामना करने के लिए भी तैयार रहता है।

शारीरिक सक्षमता का तात्पर्य व्यक्ति की उस ऊर्जा से भी है, जो कठिन परिस्थितियों में भी व्यक्ति को असंतुलित होने नहीं देती तथा उसकी ताकत व मनोबल को बनाए रखती है। एक शारीरिक रूप से सक्षम व सुयोग्य व्यक्ति कठिन परिस्थितियों में भी अपना धैर्य नहीं खोता है तथा बगैर किसी दबाव में आए सुचारु रूप से अपना कार्य करता रहता है।

दूसरे शब्दों में हम कह सकते हैं कि शारीरिक सक्षमता का मतलब है कि व्यक्ति में ऐसे सभी शारीरिक गुण विद्यमान हों, जिनके बल पर वह अनेक दबाव वाली परिस्थितियों का सामना कर सके।

शारीरिक सक्षमता तथा सुयोग्यता किसी व्यक्ति के लिए जीवन के हर स्तर तथा हर क्षेत्र में महत्त्वपूर्ण होती है। जिस प्रकार एक दुर्बल नींव एक भव्य इमारत का बोझ सहन नहीं कर सकती, उसी प्रकार एक ऐसे व्यक्ति से जिसका स्वास्थ्य उत्तम न हो तथा जिसमें समुचित सक्षमता न हो, हम अच्छी उपलब्धियों की आशा नहीं कर सकते।

हालाँकि शारीरिक सक्षमता व सुयोग्यता किसी भी व्यक्ति के लिए महत्त्वपूर्ण होती है, पर खासकर खिलाड़ियों के लिए यह बहुत जरूरी है, क्योंकि एक शारीरिक रूप से सक्षम व सुयोग्य व्यक्ति अथवा खिलाड़ी—

- विपरीत स्थितियों में भी अपना धैर्य नहीं खोता है। अगर खिलाड़ी खेल के दौरान धैर्य नहीं खोता है, तो वह फाउल अथवा नियमों का उल्लंघन नहीं करेगा।
- दबावों को झेलता है तथा एक अच्छे खेल का प्रदर्शन करता है। कोई भी ऐसा खिलाड़ी जो दबावों का सामना करने के लिए तैयार रहता है, वह फाउल या नियमों के उल्लंघन से बचता है; क्योंकि उसका सारा ध्यान दबावों से निकलने तथा अच्छे खेल का प्रदर्शन करने पर टिका होता है, ताकि उसकी टीम को अच्छे अंक प्राप्त हो सके।
- कौशल, गति, शक्ति व सहन आदि गुणों से संपन्न होता है। अगर खिलाड़ी में ये सारे गुण विद्यमान हों, तो वह फाउल या नियमों का उल्लंघन क्यों करेगा।

- स्वभाव से विनम्र, सूझ-बूझवाला होता है। अत: वह खेल के दौरान नियमों को बनाए रखता है और फाउल से बचता है।
- मनोवैज्ञानिक स्तर पर भी दृढ़ होता है। किसी कार्य को मनोवैज्ञानिक कारणों की महत्त्वपूर्ण भूमिका होती है। यदि खिलाड़ी का मनोबल गिरा हुआ हो, तो वह प्रयास करने से पूर्व ही आधी लड़ाई हार जाता है। मनोवैज्ञानिक सक्षमता कई बार बहुत ही आश्चर्यजनक परिणाम सामने लाती है।
- मनोवैज्ञानिक रूप से सक्षम खिलाड़ी दबाव में सुगमता के साथ अपने आपको विभिन्न परिस्थितियों में ढाल लेते हैं। इसी कारण वे विपरीत परिस्थितियों में दूसरों की तुलना में अधिक सक्षमता रखते हैं। ऐसी स्थिति में ऐसे खिलाड़ी द्वारा फाउल की बात नहीं सोची जा सकती है। अगर ऐसा खिलाड़ी टीम का कप्तान हो, तो वह टीम के खिलाड़ियों पर अपना पूरा नियंत्रण रखता है और उनमें दबाव से बाहर निकलने का हौसला पैदा करता है, न कि फाउल या उल्लंघन की ओर उन्हें आकृष्ट करेगा।
- नैतिकता वाला होता है तथा नैतिकता के दृष्टिकोण को सदा ऊँचा रखता है। खेलों में अथवा खेलों से बाहर अपनी नैतिकता व सच्चाई को धूमिल होने नहीं देता। ऐसे खिलाड़ी से फाउल की उम्मीद नहीं की जा सकती, न ही वह खेल में नियमों का उल्लंघन करता है।

## शारीरिक सक्षमता एवं सुयोग्यता को प्रभावित करनेवाले तत्त्व

किसी भी व्यक्ति की शारीरिक सक्षमता एवं सुयोग्यता को निम्नलिखित तत्त्व या कारक प्रभावित कर सकते हैं—

आनुवंशिकता, वातावरण, व्यायाम, आहार, प्रशिक्षप, विश्राम (Rest), तनाव व नशा।

खिलाड़ियों की शारीरिक सक्षमता व सुयोग्यता को भी ये तत्त्व ही निर्धारित करते हैं। सबसे पहले आनुवंशिकता की बात करते हैं।

## आनुवंशिकता

किसी भी व्यक्ति या खिलाड़ी की शारीरिक संरचना तथा खिलाड़ी के गुण उसके माता-पिता के गुणों से मिलते हैं अर्थात् खिलाड़ी में अच्छे गुणों की मौजूदगी उसके माँ-बाप के खून से निर्धारित होती है। अगर माँ-बाप का चरित्र अच्छा होगा, वे नैतिक व आदर्श विचारों के कायल होंगे, तो संतान में जन्म से ही ये गुण आ जाते हैं। इसी प्रकार से खिलाड़ी की सुयोग्यता उसके माँ-बाप के जीन से निर्धारित होती है। अगर माँ-बाप ऊँची डील-डौल व कद-काठी व स्वास्थ्य के धनी होंगे, तो खिलाड़ी भी लंबा छरहरा व उत्तम स्वास्थ्य का होगा।

## वातावरण

शारीरिक सक्षमता व सुयोग्यता को प्रभावित करनेवाले अन्य तथ्यों में जलवायु अथवा वातावरण का प्रमुख योगदान रहता है।

जलवायु, तापमान, समुद्र तल से ऊँचाई तथा सामाजिक व सांस्कृतिक तत्त्व व्यक्ति की सक्षमता एवं सुयोग्यता में योगदान देने अथवा बाधा उत्पन्न करने में प्रमुख भूमिका निभाते हैं।

आपने देखा होगा कि एक ठंडे क्षेत्र में रहनेवाला खिलाड़ी तथा एक गरम क्षेत्र में रहनेवाला खिलाड़ी, जब दोनों खेलते हैं, तो उनके खेलों में फर्क आ जाता है। ठंडे क्षेत्र के खिलाड़ी विपरीत परिस्थितियों में भी दबाव का आसानी से सामना कर लेते हैं, लेकिन एक गरम क्षेत्र का खिलाड़ी कठिन परिस्थितियों में अपना आपा खोने लगता है। दूसरे शब्दों में यह कहा जा सकता है कि ठंडे क्षेत्र का खिलाड़ी नियमबद्ध खेलता है, जबकि गरम क्षेत्र का खिलाड़ी विपरीत परिस्थितियों में फाउल खेलने लगता है। उतना ही नहीं दोनों के खेलों में भी काफी फर्क महसूस किया जा सकता है। इसी प्रकार, सामाजिक तथा सांस्कृतिक गतिविधियाँ भी व्यक्ति की शारीरक सक्षमता तथा सुयोग्यता को प्रभावित करती हैं।

### व्यायाम

किसी भी व्यक्ति अथवा खिलाड़ी की शारीरिक सक्षमता तथा सुयोग्यता को प्रभावित करनेवाले मुख्य कारकों में व्यायाम का प्रमुख स्थान है। एक खिलाड़ी को शारीरिक रूप से फिट व चुस्त रहने के लिए व्यायाम उतना ही आवश्यक है, जितना कि उसका खेल-प्रदर्शन। खिलाड़ी को नियमित रूप से व्यायाम करना चाहिए। एक बास्केटबॉल के खिलाड़ी को शारीरिक रूप से सक्षम एवं सुयोग्य बने रहने के लिए कौन-कौन से व्यायाम करने चाहिए, इसके बारे में आगे चर्चा किया जाएगा।

### आहार

खिलाड़ी की शारीरिक सक्षमता एवं सुयोग्यता को सीधा प्रभावित करता है आहार। अगर खिलाड़ी उचित आहार न ले, तो वह खेलों में अच्छा प्रदर्शन कैसे कर पाएगा। एक खिलाड़ी के आहार में सभी पोषक तत्त्व उचित मात्रा तथा अनुपात में होने चाहिए, जिससे शरीर की आवश्यकताएँ पूरी हो सकें। इसके विपरीत अगर उचित आहार नहीं लिया गया, तो खिलाड़ी शारीरिक रूप से सक्षम व सुयोग्य नहीं हो पाएगा।

जिस प्रकार से व्यायाम से खिलाड़ी का शारीरिक व मानसिक विकास होता है, उसकी सहन शक्ति का विकास होता है और दबावों को झेलने की ताकत बढ़ जाती है; ऐसी स्थिति में खिलाड़ी खेल के दौरान मर्यादा व नियमों का उल्लंघन नहीं करता और न ही फाउल की ओर उन्मुख होगा—उसी प्रकार से उचित आहार लेने से खिलाड़ी की अंदरूनी शक्ति व बल का विकास होता है, जो उसे नियमबद्ध खेलने व सतत विकास की ओर अग्रसर

करता रहेगा अर्थात् खेलों में अच्छा प्रदर्शन तभी संभव है जब खिलाड़ी को उचित मात्रा में आहार की पूर्ति होती हो। इससे खिलाड़ी की शारीरिक सक्षमता बढ़ जाती है।

आहार हमारे शरीर की विभिन्न क्रियाओं पर व्यापक प्रभाव डालता है। अत: अच्छे प्रदर्शन के लिए खिलाड़ियों को उचित मात्रा में आहार लेना चाहिए। यहाँ अच्छे प्रदर्शन का तात्पर्य 'फेयर प्ले' (Fair play) से है, जिसका अर्थ होता है, नियमों व मर्यादाओं के दायरे में रहकर खेलना व अपनी प्रतिभा का प्रदर्शन करना अर्थात् अपने मौलिक व तकनीकी गुणों का प्रदर्शन।

खिलाड़ियों को खेलते तथा व्यायाम करते समय अधिक ऊर्जा की आवश्यकता होती है। इसके लिए खिलाड़ी को उचित मात्रा में भोजन करना अनिवार्य है।

एक क्रियाशील व्यक्ति के लिए दैनिक ऊर्जा की आवश्यकता 3000 से 8000 कैलोरी तक हो सकती है, जो उसकी शारीरिक कद-काठी पर निर्भर करता है। इसके साथ ही उसके द्वारा किए जानेवाले कार्य की श्रेणी पर निर्भर करता है।

साधारण रूप से उचित मात्रा में किया गया भोजन सभी सामान्य व्यक्तियों के लिए पर्याप्त होता है, लेकिन कठिन परिश्रम करनेवाले, जिसमें खिलाड़ी भी आते हैं, को इसकी अधिक मात्रा में जरूरत होती है। एक बास्केटबॉल खिलाड़ी को खेल के दौरान उचित संवेग, बल तथा शारीरिक टकरावों से बचने के लिए उच्च कैलोरी युक्त भोजन की आवश्यकता होती है।

खिलाड़ियों के अच्छे प्रदर्शन के लिए भोजन में सामान्य रूप से 700 ग्राम कार्बोहाइड्रेट, 200 ग्राम प्रोटीन, 100 ग्राम वसा तथा पर्याप्त मात्रा में विटामिन और खनिज लवणों का होना आवश्यक है, लेकिन यहाँ एक बार फिर से मैं अपनी बात को दोहराना चाहूँगा कि यह खिलाड़ी की शारीरिक संरचना तथा उसके कार्य क्षेत्र पर निर्भर करता है। उदाहरण के लिए एक एथलीट को खेलों में अच्छे प्रदर्शन के लिए निम्न कैलोरी युक्त भोजन की आवश्यकता होती है, क्योंकि उनका अधिक भार उनकी उपलब्धियों को

कम कर देता है।

आइए यहाँ आई.सी.एम.आर (ICMR) के उस ब्यौरे पर एक नजर डालते हैं] जो कठिन परिश्रम करनेवाले व्यक्तियों तथा खिलाड़ियों के लिए सुझाए गए हैं। यहाँ यह ध्यान रखना चाहिए कि सभी व्यक्तियों की भोजन की मात्रा अलग-अलग होती है। यह आयु, लिंग, व्यवसाय, परिश्रम आदि पर निर्भर करती है; भोजन से प्राप्त ऊर्जा को कैलोरी य किलो कैलोरी में मापा जाता है। प्रतिदिन व्यक्ति को उसकी उम्र तथा उसके द्वारा किए जानेवाले कार्य के अनुसार कैलोरी की आवश्यकता होती है।

**आई.एम.सी.आर. (I.M.C.R.) द्वारा शाकाहारियों के लिए निर्देशित संतुलित आहार की मात्रा ( ग्राम में )—**

*वयस्क पुरुष*

| भोज्य पदार्थ | मध्यम परिश्रम का व्यक्ति | कठिन परिश्रम का व्यक्ति ( खिलाड़ी ) |
|---|---|---|
| अनाज | 520 | 670 |
| दालें | 50 | 60 |
| हरी पत्तेदार सब्जियाँ | 40 | 40 |
| अन्य सब्जियाँ | 70 | 80 |
| कंद-मूल | 60 | 80 |
| दूध | 200 | 250 |
| तेल एवं वसा | 45 | 65 |
| चीनी तथा गुड़ | 35 | 55 |

## *वयस्क महिला*

| | | |
|---|---|---|
| अनाज | 440 | 575 |
| दालें | 45 | 50 |
| हरी पत्तेदार सब्जियाँ | 100 | 50 |
| अन्य सब्जियाँ | 40 | 100 |
| कंद-मूल | 50 | 60 |
| दूध | 150 | 200 |
| तेल एवं वसा | 25 | 40 |
| चीनी तथा गुड़ | 20 | 40 |

| | बच्चे | | बालक | बालिका |
|---|---|---|---|---|
| **भोज्य प्रदार्थ** | **1-3 साल** | **4-6 साल** | **10-12 साल** | **10-12 साल** |
| अनाज | 175 | 270 | 420 | 380 |
| दालें | 35 | 35 | 45 | 45 |
| हरी पत्तेदार सब्जियाँ | 40 | 50 | 50 | 50 |
| अन्य सब्जियाँ | 20 | 30 | 50 | 50 |
| कंद-मूल | 10 | 20 | 50 | 50 |
| दूध | 300 | 250 | 250 | 250 |
| तेल एवं वसा | 15 | 25 | 40 | 35 |
| चीनी तथा गुड़ | 30 | 40 | 45 | 45 |

**मांसाहारियों के लिए वैकल्पिक प्रतिस्थापन आहार**

| वैसे भोज्य पदार्थ जिन्हें शाकाहारी आहार तालिका से हटाया जा सकता है | हटाए जा चुके भोज्य पदार्थ की जगह प्रतिस्थापन आहार |
|---|---|
| पचास प्रतिशत दाल (20-30 ग्राम) | 1. अंडा या 30 ग्राम मांस या मछली<br>2. अतिरिक्त 5 ग्राम तेल या वसा |
| सौ प्रतिशत दाल (40-60 ग्राम) | 1. दो अंडे या 50 ग्राम मांस या मछली<br>एक अंडा या 30 ग्राम मांस<br>2. 10 ग्राम तेल या वसा |

खिलाड़ियों को चाहिए कि किसी गतिविधि (मैच आदि) अथवा प्रदर्शन से कम-से-कम दो से तीन घंटे पूर्व भोजन कर लें, ताकि खेलने से पूर्व भोजन का ठीक प्रकार से पाचन हो सके, अन्यथा इससे खिलाड़ी का खेल प्रदर्शन प्रभावित हो सकता है।

**प्रशिक्षण**

जिस तरह व्यायाम खिलाड़ी के लिए आवश्यक होता है, उसी तरह प्रशिक्षण भी खिलाड़ी के लिए महत्त्वपूर्ण होता है। यह खिलाड़ी की शारीरिक सक्षमता तथा सुयोग्यता को प्रभावित करता है। अगर किसी खिलाड़ी को वैज्ञानिक ढंग से तथा उत्तम तरीके से प्रशिक्षण दिया जाए, तो वह खेल के दरमियान तनाव को झेलने में समर्थ होता है और फाउल से बचते हुए खेल के नियमों का पालन करने में रुचि लेता है। यह नहीं भूलना चाहिए कि एक कुशल प्रशिक्षक ही किसी खिलाड़ी को प्रसिद्धि दिला सकता है। अतः खिलाड़ी के जीवन में प्रशिक्षक की भूमिका अत्यंत महत्त्वपूर्ण होती है।

एक अच्छा प्रशिक्षक खिलाड़ी को मूल कौशलों तथा बारीकियों एवं

तकनीकियों का ज्ञान तो कराता ही है; साथ ही वह खिलाड़ी को उसके खेल के नियमों का पालन करने तथा अनीतियों से बचने की ट्रेनिंग देते हुए अच्छे खेल प्रदर्शन का अभ्यास कराता है। एक अच्छा प्रशिक्षक खिलाड़ी को यथासंभव फाउल करने से बचाता है।

खिलाड़ियों के प्रदर्शन तथा प्रशिक्षण के बारे में विस्तृत जानकारी आगामी अध्यायों में दिया गया है।

### विश्राम

एक खिलाड़ी के लिए विश्राम अत्यंत आवश्यक है। विश्राम अथवा निद्रा के समय शरीर टूटी-फूटी कोशिकाओं की मरम्मत करता है और पुनः शक्ति प्राप्त कर फिर से अपेक्षित कार्य करने की क्षमता प्राप्त कर लेता है। इसके विपरीत यदि उचित विश्राम नहीं किया जाए, तो शारीरिक सक्षमता तथा सुयोग्यता पर उसका प्रतिकूल प्रभाव पड़ता है।

अगर कोई खिलाड़ी खेल के मैदान में मैच के दौरान लगातार फाउल करता है अथवा नियमों का उल्लंघन करता है, तो उसके पीछे विश्राम का अभाव भी एक कारण हो सकता है। अतः खिलाड़ियों को फाउल से बचने के लिए उचित मात्रा में विश्राम अथवा नींद लेनी चाहिए, इससे दिमाग तरोताजा रहता है। अगर दिमाग चुस्त व सजग हो, तो फाउल से यथासंभव बचा जा सकता है।

### तनाव

यह किसी भी व्यक्ति का दुश्मन है और जब खिलाड़ियों की बात करते हैं, तो यह तनाव यहाँ तक कि उनके खेल कॅरियर को भी तबाह कर सकता है। खेल के मैदान में नियमों का उल्लंघन करनेवाले अथवा फाउल करनेवाले खिलाड़ियों के दिमाग का अध्ययन करने पर पता चलता है कि ये सारी गलतियाँ उनकी उत्तेजित अवस्था की दुष्परिणाम हैं अर्थात् इन खिलाड़ियों ने अधिक तनाव की स्थिति में आकर नियमों का उल्लंघन किया और फाउल करते रहे।

तनाव खिलाड़ी की शारीरिक सक्षमता व सुयोग्यता पर सीधा असर करता है। अतः खिलाड़ियों को तनाव से बचना चाहिए। इसके लिए वे व्यायाम तथा योगासनों का सहारा ले सकते हैं। प्राणायाम तनाव को दूर भगाने का एक अच्छा तरीका है।

**नशा**

नशा खिलाड़ी की शारीरिक सक्षमता तथा सुयोग्यता पर बुरा असर डालता है। विभिन्न प्रकार के नशे, जैसे एलकोहल, हेरोइन, गाँजा, अफीम, भाँग आदि के सेवन से खिलाड़ियों का मानसिक संतुलन बिगड़ सकता है। आपने देखा होगा—एक नशा करनेवाला व्यक्ति खेलों में अच्छा प्रदर्शन नहीं कर पाता है। दूसरी ओर, नशीली दवाओं का शरीर पर भी दुष्प्रभाव पड़ता है। ऐसी दवाइयाँ लेने से तात्कालिक रूप से तो शक्ति बढ़ जाती है, लेकिन बाद में इनके शरीर पर नकारात्मक प्रभाव पड़ने लगते हैं। यही कारण है कि खेलों में खिलाड़ियों द्वारा नशीली दवाओं के सेवन पर प्रतिबंध लगा है।

अब जरा खेलों में इनके प्रदर्शन व फाउल पर गौर करते हैं। जैसा कि बताया गया कि एक नशेड़ी खिलाड़ी खेल के दौरान अच्छा प्रदर्शन नहीं कर पाता है। अब फाउल व उल्लंघन की जहाँ तक बात है, इसी श्रेणी के खिलाड़ी ज्यादातर ऐसी गतिविधियों में लिप्त पाए गए हैं।

इस अध्याय में मैंने जितने भी तत्त्वों अथवा कारकों का जिक्र किया है, वे सभी तत्त्व खिलाड़ी की शारीरिक सक्षमता व सुयोग्यता को प्रभावित करते हैं। ये सारे तथ्य किसी-न-किसी तरह से इस बात की ओर भी इशारा करते हैं कि खेलों में उल्लंघन व फाउल से बचने के लिए इसका ध्यान रखना कितना आवश्यक है, क्योंकि इनका संबंध किसी-न-किसी रूप में फाउल व उल्लंघन से है।

आखिर में इतना कहना चाहूँगा कि खेल व्यक्ति की सहनशीलता, ईमानदारी, सच्चाई, मित्रता, धैर्य तथा स्व-अनुशासन का प्रतीक है। एक सच्चा खिलाड़ी इन सभी नियमों को सच्ची आशा व विश्वास से खेल के मैदान के

बाहर भी पालन करता है।

प्रत्येक खिलाड़ी से यह अपेक्षा की जाती है कि—

- वह खेल को हमेशा खेल भावना से ही ले। खेल कोई जंग का मैदान नहीं है कि इसमें जीत-हार से देश की जीत-हार होगी।
- वह अपना सारा ध्यान अपने प्रदर्शन व कौशल को निखारने पर फोकस लगाए।
- वह हमेशा खेल के प्रति ईमानदार व समर्पित रहे।
- वह टूर्नामेंट से प्रत्यक्ष अथवा परोक्ष रूप से जुड़े व्यक्तियों तथा अधिकारियों का सम्मान करे।
- वह अपने साथियों के साथ-साथ विपक्षी दल के खिलाड़ियों से भी मित्रता का भाव रखे।
- वह अपने कोच, रेफरी, अंपायर तथा खेल से जुड़े अधिकारियों का आदर करे।
- वह खेल के दौरान क्रोधित न हो तथा अपनी भावनाओं पर नियंत्रण रखे।
- वह खेल-प्रतियोगिता के नियम-कानूनों का पालन करते समय नम्र, आज्ञाकारी तथा ईमानदार रहे।
- वह किसी प्रतियोगिता में खिलाड़ियों के प्रदर्शन के दौरान की गई गलतियों पर उसे नहीं डाँटे। इस स्थिति में खिलाड़ी का उत्साह बढ़ाना चाहिए, ताकि प्रभावित खिलाड़ी स्वयं को हतोत्साहित न कर सके।

12

# बास्केटबॉल खिलाड़ियों के परिधान

बास्केटबॉल के खेल में पुरुष खिलाड़ी आमतौर पर ऐसे कपड़े पहनते हैं अथवा उन्हें ऐसे कपड़े पहनने की इजाजत है, वे हैं—

- कमीज
- निकर

जबकि महिला खिलाड़यों के लिए स्वीकृत परिधान रखे गए हैं—

- स्कर्ट
- ब्लाउज

चाहे वे महिला बास्केटबॉल खिलाड़ी हों अथवा पुरुष बास्केटबॉल खिलाड़ी। उन्हें इसी तरह के कपड़े पहनने चाहिए। कोई भी खिलाड़ी अपनी मरजी से कपड़े पहनकर मैदान में नहीं आ सकता, न ही वह खेल सकता है।

नियमों के अनुसार एक टीम के सभी खिलाड़ियों के वस्त्र एक ही प्रकार के होने चाहिए। सभी खिलाड़ियों की पोशाकों पर नंबर अंकित होने चाहिए। ये नंबर चार से पंद्रह तक हो सकते हैं।

बास्केटबॉल के खिलाड़ियों को खेल के दौरान जूते पहनने की अनुमति होती है। उनके जूते आरामदायक, लचीले व उनके परफॉर्मेंस में सहायक होने चाहिए।

# 13

# बास्केटबॉल खेल के मूल कौशल

## पासिंग

यह खेल का महत्त्वपूर्ण कौशल है। पासिंग का अर्थ है, गेंद को अपनी ही टीम के साथी को सुरक्षित रूप से उपलब्ध कराना अर्थात् जब टीम का कोई खिलाड़ी गेंद की ड्रिबलिंग कर रहा हो तथा ऐसे में उसे विपक्षी के कड़े प्रतिरोध का सामना करना पड़ रहा हो अथवा उसे लगता है कि वह सुरक्षित रूप से गेंद के साथ आगे नहीं बढ़ सकता; तो खिलाड़ी अपनी ही टीम के किसी खिलाड़ी के पास इस तरह से गेंद पास करता है कि वह गेंद पर नियंत्रण पा सके तथा उसे आगे बढ़ा सके। पूरे मैच के दौरान पासिंग का यह क्रम चलता रहता है।

वाकई पासिंग इस तरह के किसी भी खेल की महत्त्वपूर्ण प्रक्रिया है। यह टीम को जीत दिलाने का प्रमुख अस्त्र है, बल्कि यह कहा जाए कि खेल में जीत की प्रक्रिया को आगे बढ़ाने के लिए पासिंग महत्त्वपूर्ण फैक्टर है, तो कोई अतिशयोक्ति नहीं होगी।

आपने दूरदर्शन के खेल चैनलों पर हॉकी, फुटबॉल, वॉलीबॉल, बास्केटबॉल आदि के अंतरराष्ट्रीय मैच देखे होंगे। आपने मैचों के दौरान खिलाड़ियों के पासिंग पर भी गौर किया होगा। क्या ऐसा नहीं लगता है कि कुशल पासिंग के कारण ही टीम ने विपक्षी पर गोल किया और दबाव बढ़ाने

में कामयाबी प्राप्त की।

कोई भी टीम हो, अगर वह पासिंग (सामूहिक खेल) के तकनीकी पक्षों को नहीं अपनाती अथवा इस कौशल का प्रदर्शन नहीं करती, तो मैच में कामयाबी हासिल करना टेढ़ी खीर साबित हो सकती है। मेरा तो यह मानना है कि बगैर पासिंग कौशल के टीम को जीत मिल ही नहीं सकती। एक टीम, जो शुरू से लेकर आखिर तक मैच में पासिंग से खेलती है, वह विपक्षी पर लगातार दबाव बनाए रखती है और विपक्षी पर स्कोर की बढ़त हासिल होती है। दूसरी ओर, अगर विपक्षी टीम पासिंग से नहीं खेलती, तो उसे शिकस्त का सामना करने के लिए तैयार रहना होगा।

पासिंग एक प्रकार का सामूहिक खेल-प्रदर्शन है। इसमें टीम के सभी खिलाड़ियों का खेल प्रदर्शन व कौशलों का पता चलता है। यही खेल (टीम) की प्रकृति व प्रतिष्ठा भी है, क्योंकि टीम का एक अर्थ सामूहिक प्रयास भी है। इसके बजाए, अगर टीम का कोई खिलाड़ी व्यक्तिगत खेल दिखाता है, तो वह इसमें ज्यादा देर तक सक्षम नहीं हो पाएगा, क्योंकि विपक्षी चुपचाप खिलाड़ी को ड्रिबलिंग करते देख कैसे सकता है? अतः टीम को जीत दिलाने के लिए और विपक्षी पर लगातार दबाव बनाए रखने के लिए इस कौशल को सीखना, खेलों में अपनाना बहुत जरूरी है। खिलाड़ियों को पासिंग के कौशल का पूरा अभ्यास करना चाहिए।

आइए देखते हैं, बास्केटबॉल के खेल में खिलाड़ियों द्वारा अपनाए जानेवाले पासिंग के कौशल। इस खेल में खिलाड़ियों द्वारा कई प्रकार के पासों का प्रयोग किया जाता है। उनमें से कुछ प्रमुख पासों की यहाँ चर्चा की जा रही है—

### दोनों हाथों से चेस्ट पास (Two Handed Chest Pass)

जैसाकि नाम से ही स्पष्ट है—चेस्ट तक किया जानेवाला पास ही चेस्ट पास कहलाता है।

इसमें खिलाड़ी मैच के दौरान ड्रिबलिंग करते समय अपने साथी (टीम

के किसी खिलाड़ी को) गेंद पास करता है, तो वह अपने दोनों हाथों से चेस्ट पास करता है अर्थात् छाती की ऊँचाई तक किए जानेवाले पास को ही बास्केटबॉल में चेस्ट पास कहते हैं। पासिंग के प्रमुख कौशलों में से चेस्ट पास भी एक है। खिलाड़ी को इसका अभ्यास करना चाहिए।

**बाउंस पास (Bounce Pass)**

इसके अंतर्गत खिलाड़ी अपने दोनों हाथों से गेंद को बाउंस कराकर पास करता है। टीम का खिलाड़ी गेंद को जिस साथी खिलाड़ी को पास करना होता है, उसके बहुत निकट फेंकता है, कुछ इस तरह से कि गेंद जमीन पर टप्पा खाकर पास प्राप्त करनेवाले खिलाड़ी (या टीम के साथी) के घुटने या कमर की ऊँचाई तक पहुँच जाए। गेंद बाउंस कराना भी एक

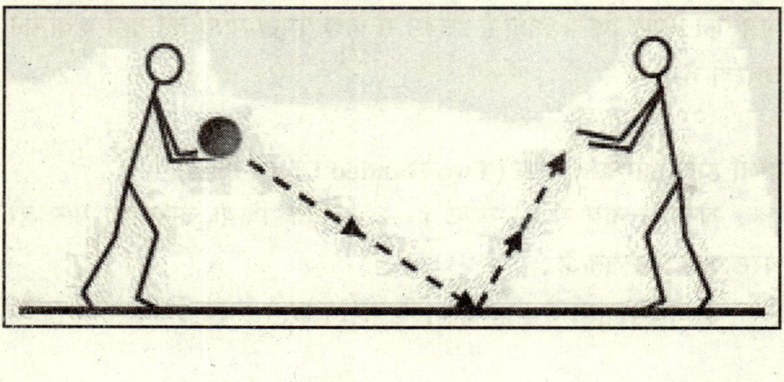

कौशल है। इसमें सब खिलाड़ी समर्थ नहीं हो पाते। ऐसे खिलाड़ी, जिन्होंने इसका सघन प्रयास किया हो, वे इसमें कामयाब रहते हैं। कुछ अच्छे खिलाड़ी भी गेंद बाउंस कराने, कुशलता से प्रदर्शन करने तथा पास कराने में विफल रहते हैं। अतः इसमें काफी सूझबूझ व बारीकियों का ध्यान रखना चाहिए, अन्यथा गेंद का लाभ विपक्षी को प्राप्त हो जाएगा।

## टू हैंडेड अंडरहैंड पास (Two Handed Underhand Pass)

बास्केटबॉल के मैच में इस प्रकार का पास नीचे से दिया जाता है। खिलाड़ी अपने दोनों हाथों से गेंद अपने साथी खिलाड़ी को अंडरहैंड पास करता है। जिस खिलाड़ी को यह पास प्राप्त होता है, वह तेजी से मूव करता है और गेंद पर नियंत्रण प्राप्त करते हुए विपक्षी की बास्केट की ओर बढ़ता है। इस तकनीक का कुशलतापूर्वक अभ्यास करना चाहिए।

### टू हैंडेड ओवरहेड पास

### (Two Handed Overhead Pass)

इसको एक प्रकार से सामान्य पास कहा जा सकता है। इसके अंतर्गत खिलाड़ी दोनों हाथों से सिर के ऊपर से पास करता है। इस प्रकार का पास दोनों भुजाओं की सहायता से सिर के ऊपर से फेंका जाता है।

### हुक पास

साथी खिलाड़ी की ओर घूमकर सिर के ऊपर से फेंके जानेवाले पास को ही हुक पास कहते हैं।

### फ्लिप् पास

कलाइयों की सहायता से उछालकर दिए जाने वाले पास को फ्लिप् पास कहते हैं। इस तरह का पास देने के लिए अभ्यास की जरूरत होती है।

### बैक पास

इसके अंतर्गत पास पीछे खड़े हुए साथी खिलाड़ी को दिया जाता है।

### रोल पास

लुढ़का दिए जानेवाले पास को रोल पास कहते हैं। इसमें खिलाड़ी अपने साथी को गेंद लुढ़काते हुए पास देता है। इसमें कौशल की जरूरत होती है। रोल पास करनेवाले तथा रोल पास प्राप्त करनेवाले—दोनों तरह के खिलाड़ियों को इसका अच्छी तरह से अभ्यास करना चाहिए। रोल पास के गुर को किसी अच्छे प्रशिक्षक से सीखना चाहिए।

### बेस बॉल पास

यह पास बेस बॉल से संबंधित है अर्थात् जिस तरह से बेसबॉल की गेंद को फेंका जाता है, उसी तरह से खिलाड़ी इसमें गेंद को पास करता है।

इसमें खिलाड़ी गेंद को अपने दोनों हाथों की सहायता से पीछे की ओर ले जाता है।

**हैंड ऑफ पास**

इसके अंतर्गत गेंद को उछालकर पास दिया जाता है। इस कौशल को सीखने के लिए खिलाड़ी में लगन व समर्पण होने चाहिए।

आखिर में यह बताना चाहूँगा कि पासिंग के विविध कौशलों का खिलाड़ी में होना बहुत जरूरी है। इसके अभाव में खिलाड़ी का प्रदर्शन शून्य समझा जाता है। खिलाड़ी में न तो मैच्योरिटी आती है और न ही उसमें क्वालिटी, जिसके कारण उसका खेल कॅरियर बहुत जल्द समाप्त हो सकता है, क्योंकि दर्शकों को इस प्रकार के खेल में तब मजा आता है, जब खिलाड़ी मैच के दौरान पास से खेलता है। जो खिलाड़ी जितनी कुशलता व सूझबूझ से पास लेता-देता है, वह उतना ही ज्यादा सफल होता है, न केवल एक मैच में, बल्कि अपने पूरे खेल कॅरियर में भी।

# 14

# कैचिंग ऐंड होल्डिंग

बास्केटबॉल के खेल में गेंद पकड़ने (कैचिंग) तथा गेंद को थामने (होल्डिंग) के नियम बनाए गए हैं। खेल के मूल कौशलों में इन्हें शामिल किया जा सकता है, क्योंकि गेंद कैच करना अथवा गेंद होल्ड करना उतना आसान नहीं होता। इसमें निरंतर अभ्यास व लगन की जरूरत होती है। इसमें जो खिलाड़ी सफल होता है, खेल में उसका प्रदर्शन उभर जाता है। पासिंग के साथ-साथ कैचिंग एंड होल्डिंग की गुणवत्ता व कौशल अगर खिलाड़ी में विद्यमान रहे, तो फिर ऐसे खिलाड़ी को पकड़ना आसान नहीं होता है। अलग-अलग खेलों में कैचिंग तथा होल्डिंग के अलग-अलग नियम बनाए गए हैं, लेकिन हम यहाँ बास्केटबॉल का अध्ययन कर रहे हैं, अतः आपके लिए यह जानना जरूरी है कि इसके अंतर्गत नियमतः क्या कौशल होने चाहिए। सबसे पहले 'होल्डिंग द बॉल' (Holding the ball) को लेते हैं।

बास्केटबॉल में इसके निम्नलिखित नियम हैं—

- गेंद होल्ड करते समय (गेंद पकड़ते समय) खिलाड़ी को चाहिए कि वह अपने हाथों को ढीला रखे तथा उँगलियों को फैलाकर रखे। अन्यथा उल्लंघन माना जाएगा। खिलाड़ी को इसका अच्छी तरह अभ्यास करना चाहिए, क्योंकि यह इतना आसान भी नहीं होता और

मुश्किल भी नहीं है। नियमित अभ्यास व मेहनत से इस कौशल को कुछ ही दिनों में सीखा जा सकता है।

- गेंद को अच्छी तरह होल्ड करने के लिए (पकड़ने के लिए खिलाड़ी को चाहिए कि वह अपनी उँगलियों तथा अँगूठे का प्रयोग करे। क्योंकि हथेलियों से गेंद को पकड़ने पर उसके फिसलने का डर बना रहता है। इस तरह की घटनाएँ देखी गई हैं। एक कुशल प्रशिक्षक खिलाड़ी को गेंद पकड़ने का व्यावहारिक कौशल सिखाता है। वह यह बताता है कि गेंद किस स्थिति में होने पर किस तरह से भलीभाँति व दृढ़तापूर्वक पकड़ा जा सकता है।
- गेंद पकड़ते समय खिलाड़ी को चाहिए कि वह अपने दोनों पैरों को समानांतर रखे। साथ ही पैरों को एक-दूसरे से आवश्यकतानुसार दूरी पर रखकर खड़े हो। इससे इसके शरीर का संतुलन बना रहता है और जब शरीर का संतुलन बढ़ जाता है अथवा शरीर अधिक संतुलित अवस्था में रहता है, तो गेंद का संतुलन भी बढ़ जाता है, यानी गेंद दृढ़तापूर्वक पकड़ी जा सकती है।
- खिलाड़ी को गेंद पकड़ते समय उसे अपना शरीर आगे की तरफ थोड़ा-सा झुका देना चाहिए, लेकिन सिर को हमेशा सीधा रखना चाहिए।

इस तरह से कुछ बातों का ध्यान रखकर गेंद को ठीक प्रकार से पकड़ा जा सकता है।

### कैचिंग द बॉल (Catching the Ball)

जिस प्रकार से गेंद पकड़ने (होल्डिंग) के कौशल हैं, तरकीबें हैं, बारीकियाँ व तकनीक हैं, उसी प्रकार से गेंद कैच करने के भी सूत्र हैं, यह खिलाड़ी के प्रमुख कौशलों का ही एक अंग है। खासकर बास्केटबॉल के खिलाड़ियों को गेंद पकड़ने (कैचिंग ऐंड होल्डिंग) की नियमतः दीक्षा दी जानी चाहिए, लेकिन मेरा खयाल है कि जब तक खिलाड़ी को इसका

व्यावहारिक ज्ञान नहीं मिलता, तब तक वह इस कौशल का अनुभव नहीं उठा सकता है। नियमित अभ्यास व प्रशिक्षण से हर कठिन-से-कठिन चुनौती को आसान बनाया जा सकता है।

तो आइए जानते हैं कैचिंग द बॉल के कुछ प्रमुख सूत्र—

- खिलाड़ी को गेंद इस अंदाज में पकड़ना चाहिए, ताकि गेंद उसके हाथ से फिसल न सके। यह सुनिश्चित करने के लिए खिलाड़ी को गेंद कैच करते समय अपने दोनों हाथों की उँगलियों की सहायता लेनी चाहिए। इससे गेंद के हाथ से फिसलने की संभावना बहुत कम रहती है।
- गेंद कैच करते समय खिलाड़ी को चाहिए कि वह गेंद पर अपनी उँगलियों को फैला दे। इससे गेंद संतुलित अवस्था में रहती है, फिर उसे इस बात का भी ध्यान रखना चाहिए कि गेंद को तब तक नहीं फेंके, जब तक कि वह उस पर पूर्ण रूप से नियंत्रण न प्राप्त कर ले।

- गेंद पकड़ते समय (कैचिंग ऐंड होल्डिंग) खिलाड़ी को हड़बड़ाना नहीं चाहिए, न ही वह आवश्यकता से ज्यादा हरकत करे, क्योंकि इन परिस्थितियों में गेंद की दिशा का भ्रम हो जाता है और खिलाड़ी चूक जाता है।
- खिलाड़ी को हमेशा आती हुई अथवा जाती हुई गेंद पर चुस्तीपूर्वक नजर रखनी चाहिए।
- खिलाड़ी का अनुमान सही तब हो सकता है, जब गेंद पर वह सतर्क दृष्टि व कौशल रखता है। गेंद की स्पीड, उसकी प्रकृति व दिशा का ज्ञान होने पर अपनाई गई तकनीक कभी व्यर्थ नहीं जाती है।

उपरोक्त कुछ बातों का ध्यान रखते हुए खिलाड़ी अपने लक्ष्य को प्राप्त कर सकता है।

# 15

# ड्रिबलिंग

आपने अब तक फुटबॉल, हॉकी, वॉलीबॉल आदि खेलों में ड्रिबलिंग का ज्ञान कर लिया होगा अथवा इसकी जानकारी थोड़ी-बहुत जरूर होगी आपको, लेकिन बास्केटबॉल में ड्रिबलिंग एक अलग अंदाज है, एक अलग कौशल है, यह किसी भी खिलाड़ी की गुणवत्ता व स्तर की पहचान है, ड्रिबलिंग से इस बात का पता चलता है कि खिलाड़ी की तैयारी कैसी है तथा उसका भविष्य कैसा है?

ड्रिबलिंग से इस बात का भी पता चलता है कि खिलाड़ी कितना समर्थ है! खेलों पर उसका नियंत्रण कैसा होगा? ड्रिबलिंग से खिलाड़ी के आत्मविश्वास का भी पता चलता है।

सबसे पहले यह जानते हैं कि बास्केटबॉल में ड्रिबलिंग क्या है?

सरल शब्दों में कहा जाए, तो गेंद को कोर्ट पर एक खिलाड़ी के द्वारा चलाना ही ड्रिबलिंग कहलाता है।

यह ड्रिबलिंग की स्थिति कब पैदा होती है?

कदाचित् आपने दूरदर्शन के स्पोर्ट्स चैनल पर बास्केटबॉल के मैच देखे होंगे। उस खिलाड़ी पर गौर करें जो गेंद पर नियंत्रण रखते हुए विपक्षी टीम की बास्केट की तरफ बढ़ता जाता है। उस खिलाड़ी की गतिविधियों तथा कौशल का अध्ययन करें। आप सहज ही अंदाजा लगा सकेंगे कि

ड्रिबलिंग करनेवाला खिलाड़ी गेंद को इस स्थिति में आगे बढ़ाता है, जब उसे लगता है कि वह गेंद को सुरक्षित रूप से अपने साथी को पास नहीं दे सकेगा अथवा उसके लिए उसके पास वक्त नहीं होगा या फिर उसे खुद पर भरोसा रहता है कि वह अकेला ही गेंद को लक्ष्य पर भेज सकेगा।

सरल शब्दों में कहें तो बास्केटबॉल में खिलाड़ी ड्रिबलिंग का प्रयोग तब करता है, जब उसे वस्तुस्थिति का ज्ञान हो जाता है। खिलाड़ी यह भाँप लेता है कि उसके लिए गेंद को अपने साथी खिलाड़ी को पास करवा पाना मुमकिन नहीं है। खिलाड़ी यह भी भाँप लेता है कि विपक्षी उसकी गेंद को छीन सकता है। ऐसी स्थिति में उसके पास इसके अलावा अन्य कोई विकल्प नहीं रह जाता है कि वह गेंद को अकेला ही लेकर आगे बढ़े।

बास्केटबॉल में ड्रिबलिंग करते समय खिलाड़ी गेंद को अपने हाथों से इस प्रकार हिट करता है कि गेंद जमीन को स्पर्श करती है और पुनः उछलकर उसके हाथ के समीप पहुँच जाती है। आपके आस-पास, स्कूल, ग्राउंड अथवा दूरदर्शन के खेल चैनल्स पर जब भी मैच हों अथवा बास्केटबॉल मैच का प्रसारण किया जा रहा हो, तो खिलाड़ी के इस अंदाज को गौर से देखिए। यह जितना रोचक होता है, उतना ही एक्शन से पूर्ण भी होता है। इसमें एक आक्रामकता भी देखने को मिल जाती है, साथ ही खिलाड़ी की विभिन्न भाव-भंगिमाएँ आपको स्तब्ध कर देने वाली होती हैं।

आइए, इस खेल में ड्रिबलिंग के कुछ प्रचलित नियमों पर एक नजर डालते हैं—

(क) दोनों हाथों का बारी-बारी प्रयोग करते हुए ड्रिबलिंग।

(ख) नीची ड्रिबलिंग।

## दोनों हाथों का बारी-बारी प्रयोग करते हुए ड्रिबलिंग (Dribbling Using Alternate Hands)

ड्रिबलिंग की इस तकनीक में अथवा इस विधि से ड्रिबलिंग करते समय दोनों हाथों का बारी-बारी से प्रयोग किया जाता है। इस तरह की

ड्रिबलिंग का आशय अथवा इसका संबंध ऊँचाई से है, क्योंकि इसमें खिलाड़ी दोनों हाथों का प्रयोग प्राय: ऊँची ड्रिबलिंग के दौरान करता है। इसमें ड्रिबलिंग करते समय खिलाड़ी गेंद को इस प्रकार हिट करता है कि गेंद धरती पर टप्पा खाने के बाद अधिक ऊँचाई तक उछल सके।

**नीची ड्रिबलिंग (Low Dribbling)**

जैसाकि नाम से ही स्पष्ट है—नीची ड्रिबलिंग अर्थात् गेंद की कम ऊँचाई या गेंद को कम ऊँचाई पर रहना।

इसमें खिलाड़ी गेंद को इस प्रकार से हिट करता है कि वह जमीन पर टप्पा खाने के बाद ज्यादा ऊँचाई तक उछल न सके अर्थात् गेंद की उछाल को नीचा ही रखना, इसमें खिलाड़ी का ध्येय होता है तथा उसका कौशल भी है।

प्रमुख रूप से बास्केटबॉल में ड्रिबलिंग की इन्हीं दो विधियों का प्रयोग अमूमन किया जाता है। दोनों ही तरह की ड्रिबलिंग में खिलाड़ी की परिपक्वता का आभास होता

है। उसके कौशल व अनुभव का अहसास होता है।

खिलाड़ी को चाहिए कि ड्रिबलिंग की इन तकनीकियों का नियमित रूप से अभ्यास करे और यह सब कोच या प्रशिक्षक की निगरानी में ही होना चाहिए, क्योंकि ड्रिबलिंग के तौर-तरीकों का अच्छी तरह अभ्यास एक कोच ही करा सकता है।

आखिर में यह बताना चाहूँगा कि ड्रिबलिंग एक ऐसा कौशल है, जो खिलाड़ी को कामयाबी की बुलंदियों की ओर ले जाता है। एक अच्छा खिलाड़ी ही वह होता है, जो नियमतः ड्रिबलिंग करे, ताकि उसे इसका पूरा लाभ मिल सके।

16

# शूटिंग

बास्केटबॉल में शूटिंग को जीत का आधार माना जाता है। यह खिलाड़ी का गोल-कौशल है। अतः इसी से यह अंदाजा लगाया जा सकता है कि यह कितना महत्त्वपूर्ण होगा।

बास्केटबॉल के खेल की भाषा में कहें, तो खिलाड़ी द्वारा विपक्षी में गोल करने का जो कौशल अपनाया जाता है, उसे शूटिंग कहते हैं।

शूटिंग के अंतर्गत खिलाड़ी विपक्षी की बास्केट में गेंद इस प्रकार से फेंकता है कि वह ठीक-ठीक बास्केट में प्रवेश कर जाए। जाहिर है, इसमें खिलाड़ी का निशाना सधा होना चाहिए। साथ ही उसके हाथ भी सधे हुए हों।

अगर आप बास्केटबॉल के सफल खिलाड़ी ही बनना चाहते हैं, तो उस कौशल को आत्मसात् कर लीजिए, क्योंकि यह सब इतना आसान भी नहीं होता, खासकर मैच के दौरान, जब आप पर एक प्रकार का मनोवैज्ञानिक दबाव रहता है, साथ ही विपक्षी खिलाड़ी द्वारा गेंद छीने जाने की संभावना भी ज्यादा रहती है। ऐसी विपरीत स्थिति में खुद को संतुलित रखना, फिर गेंद पर नियंत्रण, बास्केट में निशाना व बॉडी लैंग्वेज का निश्चित क्रम मिलाना, यह सब एक मँजे हुए खिलाड़ी की ही पहचान होती है, लेकिन कठिन भी नहीं है कि क्योंकि एक खिलाड़ी द्वारा ही ऐसा किया जाता है।

इस कौशल में पारंगत होना बहुत जरूरी है। इस कौशल में पारंगत होने

के लिए आप खूब अभ्यास करें। गुलेल लेकर निशाना साधें या कंचे से भी निशाना साधा जा सकता है। आत्मविश्वास बढ़ाने व लक्ष्य पर निशाना साधने के कुछ व्यायाम व योगासन भी हैं, जिनका अभ्यास आप कर सकते हैं। योगासनों में प्राणायाम, कपालभाति का अभ्यास करें। प्राणायाम करने से अथवा ध्यान मुद्रा से एकाग्रचितता बढ़ती है।

जैसा कि मैंने आरंभ में ही कहा है कि शारीरिक सक्षमता व सुयोग्यता ऐसी समस्याओं का एकमात्र निदान है। अत: आप सक्षम बनें, सुयोग्य बनें। इसके

बाद अभ्यास व मेहनत की बारी आती है। निरंतर अभ्यास करें। कोई भी कार्य हो, अगर उसको लगन से किया जाए, दूसरे शब्दों में कहें कि उसमें डूबकर किया जाए, तो उसे हर हाल में सफलतापूर्वक संपन्न होना ही है। अगर खिलाड़ी यह ठान लेता है कि वह शूटिंग में पारंगतता हासिल करके रहेगा, तो उसे यह करने में कोई नहीं रोक सकता।

इस कौशल में परिपक्वता हासिल करने के लिए अनुभव का होना भी जरूरी है।

अब देखते हैं कि इस खेल में शूटिंग के किन-किन तरीकों को आमतौर पर अपनाया जाता है।

### दोनों हाथों से सेट निशाना (Two Handed Set Shot)

इस प्रकार का निशाना सामान्य दूरी से लगाया जाता है। इस तरह का निशाना साधते समय खिलाड़ी की मुद्रा इस प्रकार होती है—खिलाड़ी गेंद को अपनी छाती के समीप रखकर लक्ष्य पर निशाना साधता है।

### दोनों हाथों से फ्री थ्रो (Two Handed Free Throw)

इस प्रकार का निशाना या शॉट 'फ्री थ्रो' लाइन के ऊपर खड़े होकर लिया जाता है।

### ले-अप शॉट (Lay-up Shot)

इसके अंतर्गत खिलाड़ी गेंद को ड्रिबल करते हुए विपक्षी की बास्केट की ओर रुख करता है और वहाँ पहुँचकर अथवा उसके निकट पहुँचकर निशाना लगाता है। इसको अंग्रेजी में ले-अप शॉट कहते हैं।

शूटिंग के विभिन्न कौशलों का नियमित रूप से अभ्यास करना चाहिए।

# 17

# फुटवर्क ऐंड पाइवोटिंग

इसके अंतर्गत सबसे पहले हम फुटवर्क का अध्ययन करेंगे। फुटवर्क क्या है? बास्केटबॉल के इस खेल में फुटवर्क का क्या महत्त्व है?

फुटवर्क (Footwork) का शाब्दिक अर्थ होता है—फुट का वर्क अर्थात् पैरों द्वारा कार्य करने का कौशल। न केवल इस खेल में ही, बल्कि विभिन्न प्रकार के खेलों में और जहाँ तक मेरा विचार है, सभी प्रकार के खेलों में यह बहुत महत्त्वपूर्ण है। खेल या मैच के दौरान आपके पैर किस तरह मूव करते हैं, पैरों की लयबद्धता क्या हो आदि बातें काफी महत्त्वपूर्ण होती हैं। एक खिलाड़ी को इसका काफी ध्यान रखना चाहिए।

खैर, हम यहाँ बास्केटबॉल की चर्चा कर रहे हैं। बास्केटबॉल प्लेयर व फुटवर्क का आपस में गहरा संबंध है। अगर आप बास्केटबॉल का कुशल खिलाड़ी बनना चाहते हैं, तो आपको अपने फुटवर्क की तरफ विशेष ध्यान देना चाहिए। क्योंकि पैरों की लयबद्धता बास्केटबॉल की सभी क्रियाओं का आधार मानी जाती है।

अतः बास्केटबॉल का एक श्रेष्ठ खिलाड़ी वही बन सकता है, जो विभिन्न प्रकार की क्रियाओं को लयबद्ध तरीके से संपन्न करा सके। चूँकि इसका संबंध पैरों से है, अतः इसको फुटवर्क कहा गया। चाहे आपको शॉट देने हों, पासिंग क्रिया हो, ड्रिबलिंग हो, कोई भी कौशल हो उसका संबंध फुट से है। फुट से

फुटवर्क यानी लयबद्धता। यह लयबद्धता फुट से ही होती है। इसलिए मैं समझता हूँ कि अंग्रेजी का यह वर्ड फुटवर्क शायद इसी वजह से प्रकाश में आया होगा। खासकर इस खेल के कौशलों में शामिल किया गया होगा।

जहाँ तक लयबद्धता की बात है, हमारे जीवन में यह काफी महत्त्वपूर्ण है। कुछ देर के लिए लयबद्धता को आप खेल से हटा दें, लेकिन दैनिक जीवन तथा जीवन के विभिन्न कार्यों में लयबद्धता न हो, तो जीवन कभी कामयाब नहीं होगा, फिर जीवन का सच्चा आनंद क्या रह जाएगा। अगर लयबद्धता नहीं है, तो जीवन में खालीपन व बोरियत अपनी जगह बना लेगी। जब हमारे जीवन में, जीवन के विभिन्न क्षेत्रों में सफलता प्राप्ति के लिए लयबद्धता इस कदर महत्त्वपूर्ण है, तो भला खेलों में इसको कम करके कैसे आँका जा सकता है।

बास्केटबॉल के खिलाड़ियों को मैं यही सलाह दूँगा कि वे खेल के चाहे जितने ही कौशल का प्रयोग कर लें—अगर उसमें लयबद्धता नहीं है, तो वे कभी भी अच्छे खिलाड़ी नहीं बन सकेंगे।

अब इस लेख के दूसरे महत्त्वपूर्ण बिंदु पर आते हैं। यह है पाइवोटिंग (Pivating)।

## पाइवोटिंग

इस खेल में पाइवोटिंग (Pivoting) वह क्रिया है जिसमें खिलाड़ी गेंद पर नियंत्रण रखने के लिए अथवा गेंद को टीम के अपने साथी को पास करवाने के लिए वह किसी भी दिशा में घूम सकता है।

इसमें खिलाड़ी अपने एक पैर को जमीन पर गड़ाकर (अत्यंत मजबूती से) दूसरे पैर के सहारे किसी भी दिशा में घूम जाता है।

पाइवोटिंग के लिए खिलाड़ी को काफी चुस्त व चौकस रहने की जरूरत होती है। यह बास्केटबॉल खेल के मूल कौशलों में से एक है।

खिलाड़ियों को इसका नियमित अभ्यास करना चाहिए। अगर आप चाहते हैं कि इस कौशल में पारंगत हो सकें, तो यह कोई मुश्किल कार्य नहीं है।

पाइवोटिंग में इस प्रकार से गेंद को लेकर किसी भी दिशा में घूम जाने से खिलाड़ी का शरीर गेंद तथा विपक्षी खिलाड़ी के बीच में आ जाता है। इस प्रकार से गेंद को सुरक्षा प्राप्त हो जाती है, यानी गेंद परोक्ष रूप से खिलाड़ी के नियंत्रण में ही रहती है (पासिंग) और विपक्षी हमला भी नहीं कर सकता है।

# 18

# बास्केटबॉल खिलाड़ी और आत्मसुरक्षा

बास्केटबॉल के खेल में आत्मसुरक्षा का काफी महत्त्व है, क्योंकि इस खेल में गेंद छीनने के क्रम में दो विपरीत टीमों के खिलाड़ियों के बीच परस्पर टकराव चोट आदि स्वाभाविक हैं। ऐसे में खिलाड़ियों को यह कोशिश करनी चाहिए कि यथासंभव विपरीत स्थितियों में आत्मसुरक्षा व चोटों से बचाव किस प्रकार किया जा सके।

इस खेल में लगनेवाली चोटों में टखने एवं घुटने में मोच आना, कंधे के जोड़ का अलग होना, सिर एवं नाक पर चोट, हड्डी टूटना, जाँघ, कोहनी, हैमस्ट्रिंग, कंधे में खिंचाव आदि शामिल हैं।

हालाँकि इन चोटों से पूर्णतः बचाव तो नहीं किया जा सकता, परंतु एक सीमा तक इनसे बचाव संभव है।

आइए देखते हैं कि इस खेल में खिलाड़ी अपनी आत्मसुरक्षा किस प्रकार कर सकेगा। साथ ही चोटों से बचाव के लिए भी ऐसा करना ठीक रहता है।

बास्केटबॉल खिलाड़ियों को निम्न बातों का ध्यान रखना चाहिए—

**शारीरिक संतुलन**

- खिलाड़ी को यह ध्यान रखना चाहिए कि जब वह गेंद प्राप्त करे, तो अपने शरीर को संतुलित अवस्था में रखे।

- उसी प्रकार से जब खिलाड़ी विपक्षी से गेंद छीनने की चेष्टा करता है, तो उसे संतुलित अवस्था में रहना चाहिए।

**नोट**—उपरोक्त स्थितियों में शारीरिक संतुलन के लिए खिलाड़ी को अपने दोनों घुटनों को झुकाकर खड़ा होना चाहिए।

## सिर ऊपर, सतर्क नजर

बास्केटबॉल खिलाड़ी को आत्मसुरक्षा के लिए आवश्यक है कि वह हमेशा अपना सिर ऊपर रखे। ऐसा करके वह विपक्षी खिलाड़ी पर सतर्क दृष्टि रख सकता है। उसका एक बड़ा लाभ यह होता है कि वह टकराव से यथासंभव बचा रह सकता है। साथ ही इस स्थिति में वह अच्छा खेल सकेगा।

## पैरों को आगे-पीछे रखना

आत्मसुरक्षा के लिए जरूरी है कि खिलाड़ी अपने दोनों पैरों को एक साथ नहीं रखकर उन्हें एक-दूसरे के आगे-पीछे रखे, क्योंकि इस मुद्रा में संतुलन की अवस्था बढ़ जाती है। वहीं अगर पैरों को एक साथ रखा जाता है तथा एक्शन किया जाता है, तो ऐसे में असंतुलन की स्थिति बढ़ जाती है।

## शरीर को ढाल बनाएँ

आत्मसुरक्षा के लिए यह बहुत जरूरी है कि खिलाड़ी विपरीत स्थितियों में एक्शन कार्यान्वित करने के लिए अपने शरीर को ढाल बनाए रखें।

सुरक्षा करने वाले खिलाड़ी को हमेशा विपक्षी खिलाड़ी तथा गेंद के बीच में रहने की भरसक चेष्टा करनी चाहिए। इससे एक तो चोटों से बचा जा सकता है, दूसरे गेंद पर भी नियंत्रण बना रहता है।

## खिलाड़ी को घेरने का सुरक्षात्मक उपाय

बास्केटबॉल के इस खेल में गेंद को छीनने और बचाने का क्रम चलता रहता है। एक अच्छे खिलाड़ी में इन कौशलों का होना बहुत जरूरी है। वही

खिलाड़ी सफल होता है, जो पूरे मैच के दौरान ताल मेल से व लयबद्ध होकर खेलता है। आक्रमणकारी खिलाड़ी से गेंद छीनना और विपक्षी खिलाड़ी से गेंद को बचाना और फिर आगे बढ़ते जाना यह सब खिलाड़ियों के वश की बात नहीं है।

यहाँ ऐसी परिस्थितियों में सुरक्षात्मक खेल उपायों पर जोर देना चाहिए। माना कि खेल के दौरान कोई आक्रामक खिलाड़ी गेंद को प्राप्त करने में सफल हो जाए, तो सुरक्षा करनेवाले खिलाड़ी को अपनी दोनों भुजाओं को फैलाकर तथा थोड़ा सा नीचे झुकाकर उस खिलाड़ी को घेरने का प्रयत्न करना चाहिए।

**टीम सुरक्षा (Team Defence)**

इस खेल में टीम सुरक्षा एक प्रकार की सुरक्षात्मक शैली होती है। इसको सुरक्षात्मक चक्र भी कहा जा सकता है। इस सुरक्षात्मक चक्र के अंतर्गत सुरक्षा करनेवाली टीम के प्रत्येक खिलाड़ी को एक-एक विपक्षी खिलाड़ी निर्धारित कर दिया जाता है। ये खिलाड़ी संबंधित खिलाड़ियों पर सतर्क नजर रखते हैं तथा उन्हें घेरने या रोकने का प्रयत्न करते हैं। यहाँ यह ध्यान रखना चाहिए कि

केवल निर्धारित खिलाड़ियों को ही रोकने का प्रयत्न किया जा सकता है। अन्य खिलाड़ी को नहीं। इसको एक-पर-एक सुरक्षात्मक चक्र भी कहा जा सकता है। माना कि A टीम में 4 नंबर के खिलाड़ी को B टीम के पाँच नंबर के खिलाड़ी को निर्धारित किया गया है। अतः नियमानुसार चार नंबर पाँच नंबर का ही सुरक्षात्मक-आक्रामक चक्र चलता रहेगा। ऐसा नहीं कि चार नंबर पाँच नंबर के खिलाड़ी के अलावा अन्य

खिलाड़ी का भी रास्ता रोक सके। अगर ऐसा किया जाता है, तो यह नियमों का उल्लंघन माना जाएगा।

**टीम आक्रमण (Team Offence)**

जैसा कि 'एक-पर-एक' सुरक्षात्मक शैली के अंतर्गत मैंने जिक्र किया है कि सुरक्षा करनेवाले जिस खिलाड़ी को विपक्षी टीम से आक्रमण करनेवाला जो खिलाड़ी सौंपा गया है, उसकी सभी गतिविधियों व एक्शन के लिए वही सुरक्षात्मक खिलाड़ी जिम्मेवार होता है। अब इसके दूसरे पहलू पर लौटते हैं। यह है टीम आक्रमण। मैच जीतने के लिए सुरक्षा के साथ-साथ आक्रमण शैली भी बहुत जरूरी है। अगर आप आक्रामक शैली नहीं अपनाएँगे अर्थात् आक्रामक शैली से नहीं खेलेंगे तो जीत की उम्मीद कैसे कर सकते हैं, क्योंकि गेंद को आगे बढ़ाना है और विपक्षी टीम के विरुद्ध गोल दागना है, यह तभी संभव है, जब आप आक्रामक शैली से खेलते हैं। इसलिए यह किसी भी टीम या खिलाड़ी के लिए इन दोनों बातों का ध्यान रखना बहुत जरूरी है। खेल में सुरक्षा व आक्रमण की ऐसी लयबद्धता होनी चाहिए, ताकि आप अपने लक्ष्य को आसानी से प्राप्त कर सकें।

इन सारे कौशलों को सीखने के लिए खिलाड़ी में उत्साह व लगन होना चाहिए। खिलाड़ी को चाहिए कि एक योग्य कोच की निगरानी में इन कौशलों को आत्मसात् कर सके।

### फास्ट ब्रेक आक्रमण (Fast Break Offence)

इस खेल में 'फास्ट ब्रेक ऑफेंस' का कौशल मेरी नजर में सारे कौशलों से बढ़कर है और एक योग्य व समर्थ खिलाड़ी की पहचान भी है।

अंतरराष्ट्रीय टूर्नामेंट्स में कदाचित् आपने खेल की इस शैली व धार का आकलन किया होगा। जो खिलाड़ी इसमें लिप्त रहता है उसका प्रदर्शन खेल में झलकता है। ऐसे खिलाड़ी के लिए दर्शकों के बीच से सीटियाँ बजती हैं, तालियों की ध्वनि सुनाई पड़ती है और वाह! वाह! के शोर भी। यह सब किसी भी खिलाड़ी को बुलंदियों पर पहुँचाता है तथा कहते हैं कि इस खिलाड़ी ने देश का नाम रौशन कर दिया।

फास्ट ब्रेक आक्रमण शैली से खेलनेवाले हमारे देश में कई खिलाड़ी पैदा हुए, जिन्होंने अद्भुत खेल का प्रदर्शन करके अपना तथा देश का नाम रौशन किया है। इन खिलाड़ियों के बारे में अगले अध्यायों में चर्चा करूँगा। सबसे पहले पाठकों को यह बता दूँ कि 'फास्ट ब्रेक आक्रमण' क्या है? यह शैली वास्तव में इतना महत्त्वपूर्ण क्यों है?

'फास्ट ब्रेक आक्रमण' खेल कौशल के अंतर्गत एक ऐसी पद्धति है, जिसके तहत खिलाड़ी गेंद को अपने नियंत्रण में लेने के पश्चात् कम-से-कम समय में उसे विपक्षी टीम की व्यूह रचना तोड़कर उसके बास्केट में डालने का प्रयास करता है, क्योंकि यह सब इतना सहज नहीं होता, अतः हर खिलाड़ी को इसमें कामयाबी नहीं मिलती है। केवल गिने-चुने खिलाड़ी ही इसमें सफल होते हैं और वही सम्मान, प्रशंसा व पुरस्कार के हकदार होते हैं।

'फास्ट ब्रेक आक्रमण' खेलनेवाले खिलाड़ी को चाहिए कि वह इस कौशल को सीखने के लिए किसी अच्छे व योग्य गुरु की मदद ले तथा उसकी निगरानी में नियमित अभ्यास करे। एक और बात यह है कि अगर खिलाड़ी प्रतिभाशाली है, खिलाड़ी में ये जन्मजात गुण हैं, तो उसको सफल बनने से कोई नहीं रोक सकता है।

19

# बास्केटबॉल खिलाड़ी और व्यायाम

किसी भी व्यक्ति के लिए व्यायाम आवश्यक है, लेकिन जब इस खेल की दुनिया की बात करते हैं, तो हमारा वास्ता एक ऐसे खिलाड़ी से होता है, जो शारीरिक रूप से समर्थ व सुयोग्य होता है। यह शारीरिक समर्थता व सुयोग्यता व्यायाम से प्राप्त होती है। हालाँकि इसके बारे में हम प्रारंभ में ही चर्चा कर चुके हैं कि एक खिलाड़ी को शारीरिक समर्थता व सुयोग्यता बढ़ाने के लिए क्या-क्या करना चाहिए। इस अध्याय में हम सिर्फ बास्केटबॉल खिलाड़ी की बात करेंगे तथा ऐसे खिलाड़ी को शारीरिक रूप से समर्थ व सुयोग्य बने रहने के लिए व्यायाम की ऐसी तरकीबों की चर्चा करेंगे, जो उन्हें शारीरिक रूप से समर्थ व सुयोग्य तो बना ही सके, साथ ही खेलों में चोटों से उनका बचाव कर सके।

जैसा कि आप जानते हैं कि एक खिलाड़ी को शारीरिक रूप से सक्षम व सुयोग्य बने रहने के कई कारकों में व्यायाम सबसे महत्त्वपूर्ण कारक है। व्यायाम से खिलाड़ी चुस्त, सजग व एक्टिव रहता है। यह खिलाड़ी की खेल सक्रियता को बढ़ाता है तथा पूरे खेल में लयबद्धता बढ़ाने के लिए यह अनिवार्य है, क्योंकि इस खेल में आक्रामकता बनाम सुरक्षात्मकता का चक्र खेल के आखिर तक चलता रहता है, अतः यह दावा नहीं किया जा सकता कि खिलाड़ी पूरी तरह से चोटों से बचाव कर सकेंगे, हाँ यह सच है कि इसमें काफी हद

तक उन्हें कामयाबी मिल सकेगी। इसके लिए खिलाड़ियों को वॉर्मिंग-अप तथा कंडीशनिंग के विशिष्ट व्यायामों को करना चाहिए। ये सारे व्यायाम रूटीन के अनुसार ही संपन्न होने चाहिए।

वॉर्मिंग-अप तथा कंडीशनिंग के विशिष्ट व्यायामों की चर्चा करने से पहले यह बता दूँ कि बास्केटबॉल के खिलाड़ियों को चोटों से बचाव के लिए सुरक्षात्मक उपकरणों का अच्छी क्वालिटी में होना बहुत जरूरी है। न केवल इस खेल में ही, बल्कि विभिन्न खेलों में भी सुरक्षात्मक उपकरणों का अच्छी गुणवत्तावाला होना चोटों में बचाव में सहायक होता है।

सुरक्षा-उपकरण मानकीकृत एवं स्वीकृत होने चाहिए। अच्छा खेल-संचालन भी बचाव में सहायक होता है।

आपने ऐसे मैच भी देखे होंगे, जिनमें खिलाड़ी नियमों की धज्जियाँ उड़ाते हैं तथा फाउलों की संख्या बढ़ाते जाते हैं। रेफरी और अंपायर चाहे वे किसी भी कारण से हों, नीतिगत फैसले नहीं ले पाते और एक तरह से पक्षपातपूर्ण खेल संचालन को बढ़ावा देते हैं। इस तरह के मैचों में चोटों व दुर्घटनाओं की बाढ़ सी आ जाती है। इससे यह मतलब निकाला जा सकता है कि जिन खेलों का संचालन पक्षपातपूर्ण हो, वहाँ इस तरह की अशोभनीय व कष्टकारी घटनाओं का होना कोई बड़ी बात नहीं है। अगर खेलों में मर्यादा व मानकों की रक्षा करनी है, तो खेल आयोजन समितियों तथा खेल अधिकारियों को खेल में पारदर्शिता बनाए रखनी होगी।

अब हम वॉर्मिंग-अप पर ध्यान केंद्रित करते हैं।

## वार्मिंग-अप (Warming-Up)

वॉर्मिंग-अप का अर्थ है—किसी क्रिया या प्रतियोगिता के लिए शरीर को तैयार रखना। खेल की भाषा में कहें, तो वॉर्मिंग-अप का मतलब किसी विशेष प्रकार की (क्रिया या) प्रतियोगिता में अपना श्रेष्ठ प्रदर्शन करने के उद्देश्य से शरीर को तैयार करने की प्रक्रिया है। इसके लिए कुछ सामान्य तथा कुंछ विशिष्ट व्यायाम किए जाते हैं। सामान्य व्यायाम के पश्चात् स्पर्द्धा

से पूर्व विशिष्ट व्यायाम करने चाहिए। इससे शरीर की ऊर्जा तथा लयबद्धता में वृद्धि होती है।

शारीरिक सक्षमता बढ़ाने के सिद्धांतों में से एक है वॉर्मिंग-अप (Warming-up)। कोई भी व्यायाम करने से पूर्व वॉर्मिंग-अप करना आवश्यक होता है, क्योंकि वॉर्मिंग-अप करने से शरीर की मांसपेशियों में गति व फैलाव आ जाता है। इससे काफी हद तक चोटों से बचा जा सकता है। दूसरे, वार्मिंग-अप शरीर को व्यायाम के लिए तैयार करता है।

वॉर्मिंग-अप से नाड़ी की गति—पल्स रेट तथा शरीर का तापमान अत्यधिक बढ़ जाता है। खिलाड़ियों को यहाँ ध्यान रखना चाहिए कि वार्मिंग-अप का आरंभ वे धीमी गति की दौड़ से करें।

बास्केटबॉल के खिलाड़ियों को वॉर्मिंग-अप की शुरुआत जोड़ों की चक्रीय गति अथवा ज्वॉइंट रोटेशन के साथ करनी चाहिए। इससे जोड़ों में गति काफी सरल हो जाती है। एड़ी, कूल्हे, घुटने, गरदन, कंधे आदि की दस-दस चक्रीय गति करनी चाहिए।

इसके बाद खिलाड़ियों को निम्न व्यायामों की तरफ आकर्षित होना चाहिए—

(i) हाई नी वॉक (High Knee Walk)

(ii) हाई नी स्किप (High Knee Skip)

(iii) हाई नी रन (High Knee Run)

(iv) बट्ट किक (Butt Kick)

(v) स्ट्रेट लेग वाक (Straight Leg Walk)

(vi) बैकवार्ड रन (Backward Run)

(vii) डिफेंसिव स्लाइड (Defensive Slide)

(viii) क्विक फीट (Quick Feet)

(ix) शफल क्विक (Shuffle Quick) आदि।

जिस तरह कोई भी व्यायाम करने से पूर्व वॉर्मिंग-अप आवश्यक होता है, उसी तरह व्यायाम पूरा कर लेने के बाद लिंबरिंग डाउन भी आवश्यक

होता है। लिंमबरिंग डाउन (Limbering Down) में खिलाड़ी धीरे-धीरे दौड़कर शरीर के रक्तचाप तथा नाड़ी की गति को सामान्य अवस्था में लाते हैं।

इस अध्याय में दिए गए व्यायामों के तरीकों को बास्केटबॉल खिलाड़ी योग्य गुरु की निगरानी में ही सीखें।

**कंडीशनिंग (Conditioning)**

कंडीशनिंग का अर्थ होता है—अनुकूलन। बास्केटबॉल के खिलाड़ियों की शक्ति, क्षमता, सामंजस्य, गति इत्यादि में संवर्द्धन हेतु अनुकूलन के विशिष्ट व्यायाम आवश्यक होते हैं। ये व्यायाम तैयारी के समय ही किए जाते हैं। उचित अनुकूलन के लिए किए जानेवाले कुछ व्यायामों की यहाँ चर्चा की जा रही है—

**चेयर**

इसके अंतर्गत खिलाड़ी एक दीवार से सटकर बैठता है या कह सकते हैं कि इसी तरह की मुद्रा बनाता है। बैठते समय खिलाड़ी के घुटने समकोण ($90^\circ$) पर मुड़े रहने चाहिए। उसके हाथ स्वतंत्र या खुले रहते हैं। यह मुद्रा बनाते समय खिलाड़ी की पीठ दीवार से सटी होनी चाहिए। अब व्यायाम ऐसे शुरू किया जाता है। खिलाड़ी पैरों से बल प्राप्त करता है। वह जैसे-जैसे बल प्राप्त करता है, वैसे-वैसे पीठ से दीवार को धकेलता जाता है।

**स्प्लिट्स**

इस व्यायाम के अंतर्गत खिलाड़ी को अपने पैरों को समान दूरी पर रखना चाहिए। यह ध्यान रखें कि आपके पैर एक-दूसरे से नजदीक न हों। इस तरह दूरी बनाते हुए पैरों पर खड़े हो जाएँ। दोनों पाँव स्थिर तथा समानांतर रहने चाहिए। इसके बाद खिलाड़ी व्यायाम शुरू करता है। वह एड़ियों को एक साथ लाने के लिए पैरों से दबाव बढ़ाता जाता है।

### फिंगर पुश-अप्स

इसके अंतर्गत खिलाड़ी उँगलियों पर भार डालता है। जब वह व्यायाम शुरू करता है, तो अपनी उँगलियों पर भार डालते हुए अपनी स्थिति को स्प्लिट्स पोजीशन (Splits Position) से पुश-अप पोजीशन में बदलता है।

आरंभ में इस व्यायाम को दस बार करें फिर रोजाना एक बार बढ़ाएँ अथवा प्रशिक्षक की सलाह से करें।

### एंकल रोटेशन

एंकल रोटेशन में खिलाड़ी अपने हाथों को नितंब के नीचे रखते हुए पीठ के बल लेट जाएँ। इसके बाद एंकल रोटेशन का यह व्यायाम आरंभ करें—

- पैरों को लगभग छह इंच ऊपर उठाएँ।
- दोनों टखने एक ही दिशा में घूमने चाहिए।
- पैरों का घुमाव कम-से-कम रखें।

इस व्यायाम से पेट की मांसपेशियाँ मजबूत होती हैं। इसके अलावा खिलाड़ी को अपने लक्ष्य की प्राप्ति में सुगमता रहती है।

### बट्ट किक

हालाँकि इस व्यायाम को वॉर्मिंग-अप के अंतर्गत किया जाता है, पर कंडीशनिंग के अंतर्गत करना भी बुरा नहीं होता है।

बट्ट किकर्स के अंतर्गत धीमी गति की दौड़, जिसको जॉगिंग कहते हैं—करते हुए पैरों को घुमाते हुए नितंब तक लाना चाहिए। खिलाड़ी इस बात का ध्यान रखें कि पैर के ऊपरी भाग में ज्यादा गति न हो। हाँ, एड़ी को नितंब के पास तक आने दें। मोड़ने का प्रयास बिलकुल न करें।

उपरोक्त व्यायामों के अलावा बास्केटबॉल के अनुकूलन व्यायामों हेतु कई अन्य प्रकार के व्यायाम किए जा सकते हैं। उनमें से कुछ प्रमुख कंडीशनिंग व्यायाम इस प्रकार हैं—

- स्ट्रेचिंग (Stretching)
- पुल्स (Pulls)
- पुश (Push)
- रैग टैग (Rag Tag)
- शैडो बॉक्सिंग (Shadow Boxing)
- लीप फ्रॉग (Leap Frog)
- टर्न (Turn)
- अप ऐंड बैक (Up & Back)

बास्केटबॉल के खिलाड़ियों को कंडीशनिंग के तहत उपरोक्त सारे व्यायामों का अभ्यास किसी योग्य प्रशिक्षक की देखरेख में शुरू करना चाहिए। क्योंकि कुछ व्यायाम काफी कठिन भी होते हैं। अतः उन्हें अपने आप शुरू न करके, बल्कि किसी प्रशिक्षक की देखरेख में ही आरंभ करना चाहिए।

## योग व प्राणायाम

योग शब्द संस्कृत के 'युज' क्रिया रूप शब्द से बना है, जिसका अर्थ है जोड़ना या बाँधना। योग शब्द संज्ञा रूप में है, जिसका अर्थ होता है—मिलन। यह मिलन एक व्यक्ति की आत्मा के परमात्मा से मिलान को संबोधित करता है। इस तरह योग का अर्थ होता है—जीवात्मा का परमात्मा से एकीकरण।

हालाँकि अलग-अलग विद्वानों ने योग को अलग-अलग प्रकार से परिभाषित किया है। जहाँ एक ओर योग को आंतरिक शांति एवं प्रसन्नता प्राप्त करने का पर्याय कहा गया है, वहीं इसे मन की अशांति को शांत करने तथा अपनी शक्तियों को उपयोगी दिशाओं में लगाने की विधि भी कहा गया है।

पतंजलि के अनुसार—योग चित्रवृत्ति निरोध है अर्थात् योग मानसिक अस्थिरताओं पर नियंत्रण करता है। योग की एक अन्य परिभाषा में इसे मन तथा इंद्रियों पर धीरे-धीरे नियंत्रण पा लेना बताया गया है।

यहाँ योग की इसी परिभाषा के दायरे में खिलाड़ियों के खेलों में प्रदर्शन

व योग्यता का पता करते हैं।

क्या एक अस्थिरचित व दिमाग का खिलाड़ी खेल के दौरान अपना शत-प्रतिशत प्रदर्शन दिखा सकता है?

क्या एक अस्थिर दिमाग का खिलाड़ी खेलों में निर्णायक भूमिका निभा सकता है? नहीं न। अतः खेलों में योग का महत्त्व काफी बढ़ जाता है तथा यह खिलाड़ी को परिपक्व व बेजोड़ बनाता है।

योग खिलाड़ियों के स्वास्थ्य एवं सक्षमता (Health & Fitness) को बढ़ाने में एक अत्यंत महत्त्वपूर्ण भूमिका निभा सकता है। इतना ही नहीं यह खिलाड़ियों में एकाग्रता, दृढ़ संकल्प, नैतिकता तथा अनुशासन को बढ़ाने में भी सहायक सिद्ध हो सकता है।

आइए देखते हैं कि योग एक खिलाड़ी को किस तरह से लाभ पहुँचाता है—

- किसी भी खिलाड़ी की शारीरिक सक्षमता व सुयोग्यता को बढ़ाने में योग से बढ़कर कोई दूसरा उपाय नहीं है। यह खिलाड़ी में अनुशासन व नैतिकता लाता है अथवा इसका विकास करता है।
- योगासनों से शरीर के जोड़ स्वस्थ रहते हैं। शरीर के लोचों में भी वृद्धि होती है। इसका सबसे बड़ा लाभ खिलाड़ियों को खेलों के दौरान अथवा अभ्यास सत्र में चोटों से बचाव के रूप में प्राप्त होता है।
- योग करने से खिलाड़ियों के प्रदर्शन में गुणात्मक सुधार आता है।
- प्राणायाम करने से खिलाड़ी की हृदयवाहिका संबंधी कुशलता बढ़ जाती है और जब हृदय मजबूत हो, कुशलता से कार्य करता हो, तो खिलाड़ी खेल के दरमियान जल्दी थकता नहीं है। इससे उसका प्रदर्शन भी निखरता है।
- प्राणायाम करने से खिलाड़ी के फेफड़ों की क्षमता में वृद्धि होती है। यह खिलाड़ी के एंडुरेंस अर्थात् उसकी सहनशक्ति में इजाफा लाता है।

- जैसा कि आप जानते हैं कि योग करने से स्नायु संस्थान स्वस्थ व समृद्ध होते हैं। इस प्रकार से यह खिलाड़ी को विपरीत परिस्थितियों में भी विचलित नहीं होने देता है तथा खिलाड़ी के मानसिक संतुलन को बनाए रखने में मदद करता है।
- कोई भी खेल हो, अगर खिलाड़ी उसमें एकाग्रचित्त होकर न खेले, लक्ष्य के प्रति उसकी एकाग्रता न हो, तो जीत की उम्मीद नहीं की जा सकती है। इस तरह खेलों में एकाग्रता बहुत आवश्यक है। खिलाड़ियों को चाहिए कि लक्ष्य के प्रति एकाग्रता बढ़ाने के लिए इन आसनों को करें—
- वज्रासन
- वृक्षासन
- पद्मासन
- सिद्धासन

  और प्राणायामों में इनका अभ्यास करें—
- उज्जमी
- कपालभाति

  इन उपायों से एकाग्रता बढ़ जाती है।
- योग तथा प्राणायाम का अभ्यास करने से तनाव दूर होते हैं। मन शांत रहता है।

फर्ज करें कि कोई खिलाड़ी मानसिक तनावों को लिये मैदान में उतरता है, तो उसका खेल प्रदर्शन कैसा होगा या तो ऐसा खिलाड़ी आक्रामकता में अपना होश खो बैठेगा और प्रतिद्वंद्वी खिलाड़ी को नुकसान पहुँचाने की चेष्टा करेगा अथवा स्वयं ही दुर्घटनाग्रस्त होकर खेल से बाहर हो सकता है। इस श्रेणी का खिलाड़ी नियमों का अकसर उल्लंघन करता है और फाउल से भी स्वयं को बचा नहीं पाएगा।

आज खेल क्षेत्र में नियमों का पालन, उचित खेल, न्याय, शिष्टाचार तथा विनम्रता का अभाव देखने को मिलता है। साथ ही सफलता प्राप्त करने

के लिए धोखाधड़ी तथा कदाचार (डोपिंग) आदि की घटनाएँ भी काफी बढ़ गई हैं। ऐसी परिस्थिति में योग काफी मददगार सिद्ध हो सकता है।

**योग के नियम**—यम तथा नियम तत्त्व, जोकि नैतिक अनुशासन तथा स्वयं की शुद्धि पर ध्यान केंद्रित करते हैं,
इस संकट से उबारने में काफी मदद कर सकते हैं।

बास्केटबॉल के खिलाड़ियों को मैं यही सलाह देना चाहूँगा कि जैसे विभिन्न खेलों में खिलाड़ियों की सफलता तथा टीम की विजय का रास्ता व्यायाम व योगासनों से होकर जाता है, उसी प्रकार से इस खेल में भी खिलाड़ियों को अगर चोटों से बचाव करना है, अपने कौशल में सुधार करना है, एक सफल व चर्चित खिलाड़ी बनना है, देश का नाम रौशन करना है आदि तो इन्हें व्यायाम व योगों का नियमित रूप से अभ्यास करना चाहिए।

जैसाकि मैंने इस अध्याय में बास्केटबॉल के खिलाड़ियों के लिए वॉर्मिंग-अप व कंडीशनिंग के विशिष्ट व्यायामों की चर्चा की है, उनके बारे में वे प्रशिक्षक से जानकारी प्राप्त करें और उनकी निगरानी में ही इसका अभ्यास करें। सभी व्यायामों को एक साथ नहीं करना चाहिए तथा कुछ व्यायामों की फ्रीक्वेंसी को रोजाना के हिसाब से बढ़ाते जाना चाहिए। कुछ कठिन व्यायाम प्रारंभ में काफी मुश्किल लगते हैं, लेकिन उनका धीरे-धीरे अभ्यास करना चाहिए। अगर एक दिन में कोई व्यायाम सफलतापूर्वक संपन्न नहीं होता है, तो चिंता की बात नहीं है। उसे अगले दिन पूरा करें। इस बात का भी ध्यान रखें कि व्यायाम को हड़बड़ी में अथवा मात्र खानापूर्ति के लिए भी न करें। व्यायाम आराम से व शुद्ध चित्त से किया जाना चाहिए। तभी इसका लाभ खिलाड़ी को मिलता है।

# 20

# बास्केटबॉल खेल से जुड़े शब्दार्थ

इस खेल में विभिन्न प्रकार के कठिन शब्दों का प्रयोग किया जाता है। कुछ शब्दावलियाँ सरल भी हैं तथा उनका अर्थ समझा जा सकता है, लेकिन कुछ शब्दावलियों को समझना इतना आसान भी नहीं है। हालाँकि इस खेल से संबंधित मूल कौशलों की पिछले भागों में चर्चा कर चुका हूँ, लेकिन जो शब्द या शब्दावलियाँ छूट गई हैं और जिनके बारे में आपने सुना न होगा, मेरी भरसक चेष्टा रहेगी कि उनके बारे में आपको भलीभाँति ज्ञान हो सके। इसी उद्देश्य से इस अध्याय को सम्मिलित किया है, ताकि शेष, खेल से जुड़े शब्दार्थों की जानकारी आपको हो सके।

**हेल्ड बॉल (Held Ball)**

हेल्ड बॉल का प्रयोग अमूमन इस खेल में किया जाता है। अगर आपने खेल चैनलों पर बास्केटबॉल के मैच देखे होंगे, तो यह शब्द आपके दिमाग में अवश्य ही होगा।

हेल्ड बॉल का अर्थ होता है, ऐसी गेंद जो खेला न जा सके। यह दो विपरीत खिलाड़ियों के बीच गेंद की जकड़ी हुई अथवा स्टिल अवस्था है। इसको सरल रूप में इस तरह कहा जा सकता है—इसमें दो विपक्षी खिलाड़ी बॉल को एक साथ पकड़े हुए होते हैं (हेल्ड बॉल)। उनमें से किसी भी

खिलाड़ी का गेंद पर पूर्ण नियंत्रण नहीं होता। ऐसी स्थिति में रेफरी दोनों खिलाड़ियों के बीच गेंद को हवा में ऊपर उछालकर मैच को फिर से आरंभ करता है।

हेल्ड बॉल की स्थिति तब भी होती है, जब एक खिलाड़ी गेंद को खेलने का कोई वास्तविक प्रयास नहीं करता है।

**पाइवोटिंग (Pivoting)**

यह बास्केटबॉल खिलाड़ी की उस अवस्था का आभास कराता है, जब खिलाड़ी अपना एक पैर कील की भाँति धरती में ठोककर दूसरे पैर को अलग-अलग दिशाओं में घुमाकर आक्रमण करता है। यह खेल का विशेष कौशल माना जाता है।

**थ्रो-इन (Throw-In)**

इस खेल में गेंद कोर्ट से बाहर जाने के बाद फिर से खेलने के लिए इस्तेमाल में लाया जाता है और थ्रो-इन के प्रयोग से उसका प्रारंभ होता है।

**बेस लाइन (Base Line)**

बेस लाइन का शाब्दिक अर्थ है—कोर्ट की छोर की लाइन।

**सेट शॉट (Set Shot)**

बास्केटबॉल में एक ऐसा शॉट, जो बिना किसी अवरोध के बहुत आराम से अथवा अच्छे संतुलन की अवस्था में लगाया जाता है। इस शब्द का प्रयोग बास्केटबॉल के अलावा अन्य खेलों में भी किया जाता है। सेट-शॉट का संबंध अच्छे खिलाड़ियों से लगाया जाता है। एक अनुभवी व कुशल खिलाड़ी प्रायः इस तरह का शॉट खेलता है और टीम को जीत दिलाने में महत्त्वपूर्ण भूमिका निभाता है।

**शूटिंग (Shooting)**

शूटिंग का आशय लक्ष्य से है। बास्केटबॉल में खिलाड़ी द्वारा शूटिंग का मतलब है—गोल दागना, अर्थात् गोल करने के प्रयास को ही शूटिंग कहते हैं।

**फ्री लांस (Free Lance)**

फ्री-लांस का शाब्दिक अर्थ है—स्वतंत्र पहचान, अर्थात् बिना बंदिश या नियम रहित संरचना। बास्केटबॉल में जब कोई आक्रमणकर्ता खिलाड़ी एक ऐसा खेल खेलता है अथवा एक ऐसे खेल का प्रदर्शन करता है, जिसमें कोई संरचना या कोई नियम न हो, तो उसे फ्री लांस खेल कहते हैं।

**फ्रंट कोर्ट (Front Court)**

बास्केटबॉल में कोर्ट का वह हिस्सा जिसमें किसी टीम की स्वयं की बास्केट होती है, उस टीम का फ्रंट कोर्ट कहलाता है। इस प्रकार, पूरे कोर्ट में दो विपरीत टीमों के फ्रंट कोर्ट होते हैं। यह काफी महत्त्वपूर्ण होता है।

**ड्राइव (Drive)**

बास्केटबॉल में ड्राइव का आशय—एक ऐसे खिलाड़ी से है, जो गेंद के साथ बास्केट की ओर तीव्र गति से अग्रसर होता है। इसको ड्रिबलिंग ड्राइव (Dribbling Drive) भी कहा जा सकता है।

**ले-अप शॉट (Lay-Up Shot)**

बास्केटबॉल के खेल में ले-अप शॉट का आशय एक ऐसे शॉट से है, जिसमें एक खिलाड़ी अच्छी ड्रिबलिंग करके एक पैर पर ऊपर उछलकर तथा भुजा को फैलाकर बास्केट में सीधे गेंद डालता है।

**टाइम आउट (Time Out)**

जैसा कि आप जानते हैं कि बास्केटबॉल के खेल में दो टीमें होती हैं। प्रत्येक टीम को पहली, दूसरी एवं तीसरी पारी में एक-एक टाइम आउट तथा चौथी पारी में दो टाइम आउट दिए जा सकते हैं। कोई टीम टाइम आउट की प्रार्थना या निवेदन तभी कर सकती है, जब गेंद मृत (Dead) हो जाए। टाइम आउट के लिए अधिक- से-अधिक एक मिनट का समय दिया जा सकता है। अगर कोई टीम स्थानापन्न खिलाड़ी की माँग करती है, तो उसे एक मिनट का टाइम आउट दिया जाता है।

**मृत गेंद (Dead Ball)**

इस खेल में मृत गेंद वह है, जब खिलाड़ी गेंद के साथ चलता अथवा भागता है या फिर गेंद पर अपनी झल्लाहट का प्रदर्शन करता है। गेंद का खेल क्षेत्र से बाहर भेजना भी मृत गेंद कहलाता है।

## 21

# नॉक आउट प्रतियोगिताएँ

जब किसी प्रतियोगिता के लिए अथवा प्रतियोगिता में जीत के लिए कई देशों की टीमें भाग लेती हैं, तो प्रतियोगिता का काफी महत्त्व बढ़ जाता है। इसमें भाग लेनेवाली टीमों को एक निश्चित क्रम से खेलना पड़ता हैं। चूँकि प्रतियोगिता में किसी एक टीम की ही विजय होती है, जो अंतिम विजेता कहलाती है; अत: प्रतियोगिता का संचालन एक निश्चित क्रम से होता है। उनमें से एक क्रम नॉक आउट पद्धति भी है।

नॉक आउट की इस पद्धति में भाग लेनेवाली बास्केटबॉल टीमों में जो टीम प्रतियोगिता के किसी भी चरण में हार जाती है, वह प्रतियोगिता से बाहर हो जाती है।

इस प्रतियोगिता में केवल विजयी टीमें ही आपस में मैच खेलती हैं। प्रतियोगिता के अंत में जो टीम बच जाती है, उसी को अंतिम विजेता घोषित किया जाता है।

प्रतियोगिता में मैचों का निर्धारण ड्रा ऑफ लॉट्स (Draw of Lots) के जरिए किया जाता है।

नॉक आउट प्रतियोगिताएँ चार प्रकार की होती हैं—

1. सिंगल नॉक आउट टूर्नामेंट्स
2. डबल नॉक आउट टूर्नामेंट्स

3. कंसोलेशन (Consolation) टाइप टूर्नामेंट्स
4. बैगनाल वाइल्ड (Bagnall Wild) टूर्नामेंट्स

### 1. सिंगल नॉक आउट टूर्नामेंट्स

सिंगल नॉक आउट टूर्नामेंट्स में खेलनेवाली बास्केटबॉल टीमों को प्रतियोगिता में बने रहने के लिए मैच जीतना जरूरी होता है। जो टीम हार जाती है, वह प्रतियोगिता से बाहर हो जाती है।

### 2. डबल नॉक आउट टूर्नामेंट्स

जैसा कि नाम से ही स्पष्ट हो जाता है, इस प्रतियोगिता में किसी भी बास्केटबॉल टीम को दो मौके दिए जाते हैं। अगर पहली बार में कोई टीम मैच हार जाती है, तो वह प्रतियोगिता से बाहर नहीं होगी और दूसरा मैच खेलेगी। अगर इसमें भी टीम जीत नहीं पाती, तो वह स्वतः प्रतियोगिता से बाहर हो जाती है, क्योंकि ऐसा समझ लिया जाता है कि टीम स्पर्द्धा में बने रहने के काबिल नहीं है। वैसे आमतौर पर ऐसा नहीं होता अथवा बहुत कम देखा जा सकता है, क्योंकि पहला मैच हारने के बाद कोई भी टीम दूसरा मैच जीतने की कोशिश करेगी।

इस प्रतियोगिता के अंत में केवल एक टीम रह जाती है, जिसे दोबारा न हराया गया हो।

### 3. कंसोलेशन टाइप टूर्नामेंट्स

इसके अंतर्गत एक टीम को एक बार हारने के पश्चात् दूसरी बार भी खेलने का मौका दिया जाता है। इस तरह से हारी हुई टीम को दोबारा उठने अथवा प्रतियोगिता में बने रहने का एक और मौका मिल जाता है। हालाँकि यह डबल नॉक आउट प्रतियोगिता से कुछ भिन्न होती है।

कंसोलेशन टाइप टूर्नामेंट्स दो प्रकार के होते हैं—

1. कंसोलेशन टाइप टूर्नामेंट्स–I

2. कंसोलेशन टाइप टूर्नामेंट्स–II

प्रथम प्रकार के कंसोलेशन टाइप स्पर्द्धा में प्रत्येक टीम को दो बार खेलने का मौका दिया जाता है। इसमें प्रथम राउंड में हारनेवाली टीमें आपस में मैच खेलती हैं।

जबकि दूसरे प्रकार के कंसोलेशन टाइप स्पर्द्धा में केवल प्रथम राउंड में हारी हुई टीम ही नहीं, बल्कि प्रत्येक राउंड में हारी हुई टीमें आपस में खेलती हैं। ऐसी प्रतियोगिताओं के पीछे मकसद साफ है कि कमजोर टीम भी अच्छे खेल का प्रदर्शन कर सके, क्योंकि प्रत्येक टीम जो हारी हुई है, उसे पुनः खेलने का मौका दिया जाता है; जिससे टीम के प्रदर्शन में गुणात्मक सुधार देखा जा सकता है।

**4. बैगनाल वाइल्ड टूर्नामेंट्स**

इसके अंतर्गत प्रथम तीन स्थान के विजेताओं का निर्णय इस प्रकार किया जाता है—

**प्रथम स्थान—** जो बास्केटबॉल टीम प्रतियोगिता में भाग ले रही अन्य सभी टीमों को हरा देती है, उसे प्रथम स्थान प्राप्त हो जाता है।

**दूसरा स्थान—** दूसरा स्थान उस टीम को प्राप्त होता है, जो प्रथम स्थान प्राप्त करनेवाली टीम से हारकर सभी हारी हुई टीमों के साथ खेलती है। इनकी विजेता टीम फिर फाइनल मैच हारनेवाली टीम के साथ मैच खेलती है। उनमें से जो टीम विजयी होगी, उसी टीम को दूसरा स्थान प्राप्त होता है।

**तीसरा स्थान—** इसके तहत दूसरे स्थान पर आनेवाली टीम से हारनेवाली सभी टीमें आपस में मैच खेलती हैं। इनमें से जो टीम जीत जाती है, वह फाइनल मैच में हारी हुई टीम के साथ मुकाबला करती है। इनमें से जो टीम विजयी होगी, उसी टीम को तीसरा स्थान प्राप्त होता है।

यहाँ ध्यान देनेवाली बात है कि सभी टीमें नॉक आउट पद्धति से खेलती हैं। जो टीम फाइनल मैच में हारी हुई होती है, उसे अपना स्थान बनाने के कई अवसर मिल जाते हैं और ऐसा कहा जा सकता है कि फाइनल मैच में हारनेवाली टीम इसके तहत कोई-न-कोई जगह बना ही लेती है, क्योंकि ऐसे मौकों को वह गँवाना नहीं चाहेगी।

## नॉक आउट प्रतियोगिताओं में फिक्सचर

जिस क्रम या चयन के अनुसार किसी प्रतियोगिता में टीमों को खेलना पड़ता है, उसे फिक्सचर (Fixture) कहते हैं।

नॉक आउट प्रतियोगिता में जिस क्रम या चयन से अलग-अलग टीमें अपनी उपस्थितियाँ दर्ज कराती हैं, उसी क्रम में टीमों को रखकर फिक्सचर (Fixture) तैयार किया जाता है।

अर्द्ध (Half) या बाइज (Byes) का चुनाव टॉस या लॉटरी द्वारा किया जाता है।

उल्लेखनीय है कि फिक्सचर चार्ट में विभिन्न टीमों के बीच होनेवाले मैचों का पूरा विवरण, दिनांक, समय, स्थान वगैरह उपलब्ध रहता है।

नॉक आउट प्रतियोगिताओं में कुल मैचों की संख्या कुल टीमों की संख्या से एक कम होती है।

जहाँ तक ऐसी प्रतियोगिताओं में राउंड की बात है, तो इसके लिए यह देखना जरूरी है कि इनमें भाग लेनेवाली टीमों की संख्या क्या है।

**याद रखें**—अगर प्रतियोगिता में भाग लेनेवाली टीमों की संख्या दो के घातांक में हो, तो दो-दो का एक राउंड किया जाएगा अर्थात् सोलह टीमों का 2×2×2×2 (1+1+1+1) चार राउंड होता है। लेकिन यदि कुल टीमों की संख्या दो के घातांक में न हो, तो अगली संख्या के आधार पर राउंड तैयार किए जाएँगे।

उदाहरण के लिए यदि प्रतियोगिता में भाग लेनेवाली कुल टीमों की

संख्या 14 हो, तो इस प्रकार से राउंड तैयार किए जाएँगे— $\frac{2\ \ 2\ \ 2\ \ 2}{1+1+1+1}$

उपरोक्त को इस प्रकार से समझिए। टीमों की कुल संख्या चौदह है।

आठ टीमों का घातांक होता है $\frac{2\ \ 2\ \ 2}{1+1+1}$ $\frac{8}{3}$ लेकिन टीमों की संख्या चौदह है, जो आठ से ज्यादा है। इसलिए आठ के बाद दो का घातांक जुड़ने पर यह 2 × 2 × 2 × 2 = 16 संख्या हो जाती है, जबकि टीमों की कुल संख्या चौदह है। यानी सोलह से कम। इस प्रकार कुल आठ के राउंड में तीन के बाद एक अतिरिक्त राउंउ जोड़ दिया जाता है, यानी कुल राउंड की संख्या हो गई = 4

## प्रत्येक हाफ में टीमों की संख्या ज्ञात करना

यदि प्रतियोगिता में भाग लेनेवाली टीमों की संख्या 'फूट' (विषम) में न हो तथा सम संख्या में (जैसे 2, 4, 6, 8, 10, 12, 14, 16, 22) हो, तो टीमों को आधा-आधा करना सरल रहता है, लेकिन यदि टीमों की संख्या विषम में हो, तो उन्हें दो भागों में बाँटने के लिए निम्न सूत्रों का प्रयोग किया जाता है—

फिक्सचर के ऊपर के भाग में टीमों की संख्या ज्ञात करने के लिए $= \frac{N\ \ 1}{2}$

तथा फिक्सचर के नीचे के भाग में टीमों की संख्या निर्धारित करने के लिए = $\frac{N\ \ 1}{2}$, जहाँ N = टीमों की कुल संख्या है, सूत्र का इस्तेमाल किया जाता है।

## प्रत्येक क्वार्टर में टीमों की संख्या निर्धारित करना

फिक्सचर में प्रत्येक क्वार्टर में टीमों की संख्या ज्ञात करने के लिए टीमों की कुल संख्या में चार से भाग दिया जाता है। शेष कुछ न बचने की स्थिति में प्रत्येक क्वार्टर में बराबर-बराबर टीमें रख दी जाती हैं। शेष बचने की स्थिति में अग्रलिखित सूत्र का सहारा लिया जाएगा—

| टीमों की संख्या | शेष संख्या | Q-1 | Q-II | Q-III | Q-IV |
|---|---|---|---|---|---|
| N = 4n+1 | 1 | n+1 | n | n | n |
| N = 4n+2 | 2 | n+1 | n | n+1 | n |
| N = 4n+3 | 3 | n+1 | n+1 | n+1 | n |

यहाँ Q का अर्थ क्वार्टर से है।

# 22

# लीग प्रतियोगिताएँ

लीग प्रतियोगिताएँ खेलनेवाली बास्केटबॉल टीमों को आपस में मैच खेलना होता है। यानी प्रत्येक टीम को प्रत्येक टीम के साथ मैच खेलना होता है, चाहे वह टीम मैच जीते या हारे। इसे राउंड रोबिन प्रतियोगिता (Round Robin Tournament) भी कहते हैं।

लीग प्रतियोगिताओं का मूल मकसद खेल कौशल का प्रदर्शन करना अथवा उभारना होता है।

लीग प्रतियोगिताएँ दो प्रकार की होती हैं—

1. एकल लीग
2. युगल लीग।

**1. एकल लीग**—एकल लीग में प्रत्येक टीम को दूसरी टीमों के साथ एक बार मैच खेलना पड़ता है। इसमें कुल मैचों की संख्या $\frac{N(N-1)}{2}$ होती है, जहाँ N टीमों की कुल संख्या है।

**2. युगल लीग**—युगल लीग में भाग लेनेवाली बास्केटबॉल टीमों को आपस में दो बार मैच खेलना पड़ता है। इसमें कुल मैचों की संख्या $\frac{N(N-1)}{}$ होती है, जहाँ N = टीमों की कुल संख्या होती है।

## लीग प्रतियोगिताओं में विजेता टीम का निर्धारण

लीग प्रतियोगिताओं में विजेता टीम का निर्धारण तीन तरीकों से किया जाता है। ये इस प्रकार हैं—

1. ब्रिटिश पद्धति
2. अमेरिकन पद्धति
3. कैनेडियन पद्धति।

**1. ब्रिटिश पद्धति**—इस पद्धति के अंतर्गत प्रतियोगिता में शामिल सभी टीमों को प्राप्त कुल अंक का प्रतिशत इस सूत्र की सहायता से ज्ञात किया जाता है—

$$\frac{\text{प्राप्त किए गए अंक}}{\text{कुल संभव अंक}} \times 100$$

इस तरह से जिस टीम का प्रतिशत अधिक होता है, उसे ही विजेता घोषित किया जाता है।

**2. अमेरिकन पद्धति**—इस पद्धति के अंतर्गत प्रत्येक टीम के अंकों का प्रतिशत इस सूत्र की सहायता से ज्ञात किया जाता है— $\frac{\text{जीते गए मैच}}{\text{खेले गए मैच}} \times 100$

इस तरह प्रतियोगिता के अंत में जिस टीम के अंकों का प्रतिशत सर्वाधिक रहता है, उसी टीम को विजेता घोषित किया जाता है।

**3. कैनेडियन पद्धति**—इस पद्धति के अंतर्गत खेली जानेवाली प्रतियोगिताओं में जीतनेवाली टीम को दो अंक, मैच बराबर की स्थिति में प्रत्येक टीम को एक-एक अंक तथा मैच हारनेवाली टीम को शून्य अंक दिया जाता है। इस प्रकार से संपूर्ण प्रतियोगिताओं में सर्वाधिक अंक प्राप्त करनेवाली टीम ही विजयी टीम घोषित की जाती है।

आजकल लीग प्रतियोगिताओं में यह पद्धति काफी प्रचलित है।

# 23

## सीडिंग

सीडिंग खेल का प्रमुख आकर्षण होता है। सीडिंग के अंतर्गत ऐसी टीमों को वरीयता दी जाती है, जो अच्छी टीमें मानी जाती हैं तथा जिन टीमों का प्रतियोगिता में प्रदर्शन देखने के लिए दर्शकों की भीड़ जुटती है।

अच्छी टीमों का फैसला उनके पिछले प्रदर्शनों को देखते हुए किया जाता है।

खेलों में सीडिंग का अर्थ है—अच्छी टीमों को छोड़कर उन्हें फिक्सचर में उचित स्थान पर रखना। आयोजकों की भरसक चेष्टा रहती है कि अच्छी टीमें प्रतियोगिता के प्रथम राउंड में हार कर बाहर न हो जाएँ, इसलिए ऐसी टीमों को बाई भी दी जाती है। जिस टीम को बाइज (Byes) दी जाती है, वह टीम प्रथम राउंड में नहीं खेलती है, बल्कि वह टीम प्रथम राउंड की विजेता टीम के साथ मैच खेलती है।

सीडिंग संख्या सामान्यतः दो के घातांक में (जैसे 2, 4, 8, 16...) रहती है।

जैसा कि मैंने कहा है कि सीडिंग पद्धति का उपयोग दर्शकों की रुचि को प्रतियोगिता के अंत तक बरकरार रखने के उद्देश्य से किया जाता है। अगर अच्छी टीमें प्रतियोगिता के किसी राउंड में बाहर हो जाती हैं, तो

दर्शकों का खेल में उत्साह नहीं रह जाता है, लेकिन ऐसी टीमें अगर प्रतियोगिता में बनी रहीं, तो दर्शकों का खेल रोमांच बरकरार रहता है।

आयोजक अच्छी टीमों को फिक्सचर में इस प्रकार स्थान देते हैं कि दर्शकों की रुचि आखिर तक बनी रह सके अर्थात् अच्छी टीमों का प्रदर्शन आखिर तक उन्हें देखने को मिलता है।

प्रतियोगिता में सीडिंग टीमों को छोड़कर शेष सभी टीमों को लॉटरी के द्वारा फिक्सचर में रखा जाता है। सीडिंग टीमों को फिक्सचर के दोनों भागों में बराबर-बराबर बाँट दिया जाता है।

सीडिंग दो प्रकार की होती है—

1. सामान्य सीडिंग
2. खास सीडिंग।

सामान्य सीडिंग के अंतर्गत अच्छी टीमों को प्रथम राउंड में बाइज दी जाती हैं, जबकि खास सीडिंग में टीम के पिछले प्रदर्शन को देखते हुए उस टीम को सीधे दूसरे, तीसरे अथवा चौथे राउंड में खेलने का अवसर दिया जाता है।

# 24

# एस.जी.एफ.आई. तथा इसकी संगठनात्मक व्यवस्था

भारतीय क्रीड़ा सामग्री संघ (S.G.F.I.) की स्थापना भारतीय खेल उद्योग के कुछ स्वयंसेवकों द्वारा सन् 1999 में की गई थी। इसकी स्थापना के पीछे उद्देश्य यही था कि बाल श्रमिकों की पहचान करके बाल श्रम उन्मूलन सुनिश्चित किया जाए तथा बाल श्रमिकों के पुनर्वास तथा उत्थान की दिशा में आवश्यक कदम उठाए जाएँ।

एस.जी.एफ.आई. (S.G.F.I) की स्थापना के समय क्रीड़ा सामग्री के निर्यातकों ने मूल रूप से इन्हीं बातों पर ध्यान आकृष्ट किया था। उस समय इसके पचीस सदस्य थे, लेकिन जैसे-जैसे इसके कार्यक्षेत्र में विस्तार होता गया, सदस्यों की संख्या भी बढ़ती गई।

गुजरते समय में इसके अंतर्गत कुछ और बातों पर फोकस किया गया; जैसे—शिक्षा, स्वास्थ्य, सामाजिक सुरक्षा, महिला सशक्तीकरण आदि को इसमें शामिल कर लिया गया।

एस.जी.एफ.आई. एक लाभ रहित ISO : 9001 : 2000 प्रमाणित एक गैर-सरकारी संगठन है। आज इस संगठन के सदस्यों की संख्या बढ़कर बत्तीस हो गई है। ये सदस्य विभिन्न खेलों से जुड़े साधनों, खेल-सामग्रियों

तथा गेंदों का निर्माण करते हैं तथा इनका निर्यात भी करते हैं। संगठन के सदस्य सभी तरह की गेंदों का पंचानबे फीसदी उत्पादन करते हैं। सभी सदस्य अपनी इच्छा से प्रत्येक माह एक निश्चित रकम संस्था को दान करते हैं। उनके पैसों का कल्याणकारी तथा विकासमूलक कार्यों में उपयोग किया जाता है।

संस्था के कार्यक्रमों को सुचारु रूप से चलाने के लिए कई दूसरे संगठन भी सहयोग कर रहे हैं। इन संगठनों में डब्ल्यू.एफ.एस.जी.आई. (W.F.S.G.I.) बाल श्रम के निदान में एस.जी.एफ.आई. की स्थापना के समय से ही अपना सहयोग दे रहा है। यह संगठन संस्था को उसके हर कार्यों में सहयोग के लिए तत्पर रहता है।

एस.जी.एफ.आई. का एकमात्र उद्देश्य है—क्रीड़ा सामग्री उद्योग से बाल श्रम का उन्मूलन, श्रमिकों के परिवार में बाल श्रम के हानिकारक पहलुओं को रेखांकित करना तथा शिक्षा के महत्त्व के प्रति जागरूकता फैलाना, ताकि बाल श्रम का उन्मूलन हो सके। इसके अलावा एस.जी.एफ.आई. हवा भरनेवाली गेंदों जैसे फुटबॉल, वॉलीबॉल, रग्बी आदि में निर्माण में लगे श्रमिकों के बीच शिक्षा का प्रचार-प्रसार भी कर रहा है।

संस्था के उद्देश्यों की पूर्ति में धन की व्यवस्था एस.सी.एफ. (S.C.F.) द्वारा भी की जा रही है। उल्लेखनीय है कि एस.सी.एफ. इंग्लैंड की एक शीर्ष संस्था है।

फीफा (FIFA) एक ऐसा खेल संगठन है, जो एस.जी.एफ.आई. के कार्यक्रमों के लिए फंड की व्यवस्था करता है। यह इसको खेल (खासकर फुटबॉल) की विभिन्न सामग्रियों के निर्माण के लिए लाइसेंस दिया है।

एस.जी.एस. (S.G.S.) इंडिया प्रा.लि. संगठन एस.जी.एफ.आई. के कार्यक्रमों को बाह्य रूप से देखता है अथवा कह सकते हैं कि इसका निरीक्षण करता है।

जबकि संगठन को यूनीसेफ (UNICEF) सामाजिक तथा कल्याणी कार्यक्रमों के लिए दिशा-निर्देश की भूमिका का निर्वाह करती है अर्थात् यह

संगठन के कार्यक्रमों के लिए गाइड की भूमिका निभाती है।

श्रम मंत्रालय, भारत सरकार आरंभ से ही एस.जी.एफ.आई. का एक महत्त्वपूर्ण घटक है। यह बाल श्रम उन्मूलन के लिए एस.जी.एफ.आई. को कई तरह की सहायता प्रदान करता है। यह एस.जी.एफ.आई. के कार्यक्रमों के क्रियान्वयन के लिए सदैव तैयार रहता है।

एस.जी.एफ.आई. को और भी दूसरे संगठन विभिन्न तरीकों से सहयोग प्रदान कर रहे हैं, उनमें भारतीय जीवन बीमा निगम (जीवन मधुर) और संयुक्त राष्ट्र औद्योगिक विकास संगठन-समूह विकास परियोजना (शिक्षा, स्वास्थ्य व पर्यावरण) शामिल हैं।

25

# खेल-प्रशिक्षण का महत्त्व

अब यह बताने की जरूरत नहीं है कि खेलों में प्रशिक्षण का क्या महत्त्व है। ऐसा कोई भी खेल बताइए, जहाँ प्रशिक्षण के बगैर काम चलता हो, क्योंकि अलग-अलग खेलों के अलग-अलग नियम बन गए हैं। इन नियमों का ध्यान रखना तथा उनका पालन करना, विशेष खेलों के मूल कौशल तथा बारीकियों को समझना, उनका अभ्यास करना, खिलाड़ी की दिनचर्या नियमित करना, खेल-अनुशासन के महत्त्व को साबित करना, रक्षात्मक शैली से खेल खेलना, फाउल व उल्लंघनों से खिलाड़ी को बचाना, अभ्यास सत्र में खेल से जुड़े व्यायामों के टिप्स का व्यावहारिक ज्ञान समेत खिलाड़ी की आहार-शैली सुनिश्चित करना आदि तमाम तरह की बातों के लिए खिलाड़ी को एक कोच या गुरु की आवश्यकता होती है। यही कोच या गुरु खिलाड़ी को ऊँचाइयों पर ले जाता है अथवा खिलाड़ी को पतन की ओर भी अग्रसर कर सकता है। यह सब निर्भर करता है, कोच की काबिलियत तथा उसकी योग्यता पर। अत: खिलाड़ी को हमेशा एक अच्छे और प्रतिभाशाली गुरु या कोच से ही खेल कौशलों का व्यावहारिक ज्ञान प्राप्त करना चाहिए।

एक अच्छा कोच वह होता है, जो खिलाड़ी की शारीरिक सक्षमता तथा उसकी सुयोग्यता का विकास करते हुए खेल से जुड़े कौशलों की बारीकियों का व्यावहारिक ज्ञान कराए। एक अच्छे कोच की पहचान होती है, जब वह

खिलाड़ी के आत्मविश्वास में वृद्धि करे। एक अच्छा कोच वह होता है, जो खिलाड़ी को लयबद्धता से खेलना सिखाता है।

एक अच्छा कोच वह होता है, जो खिलाड़ी को शारीरिक व मानसिक तौर पर सजग रखे। एक अच्छा कोच वह होता है, जो अपने खिलाड़ी को वैज्ञानिक तरीके से प्रशिक्षित कर सके, क्योंकि खेल प्रशिक्षण वैज्ञानिक सिद्धांतों तथा तथ्यों पर आधारित होता है। इस तरह से कोच का महत्त्व बढ़ जाता है।

जहाँ तक खेल प्रशिक्षण की बात है, यह खेल प्रतियोगिताओं में खिलाड़ी के उच्चतम प्रदर्शन हेतु अत्यंत लाभकारी होता है। हालाँकि केवल प्रशिक्षण ही किसी खिलाड़ी को सर्वोच्च उपलब्धि नहीं दिला सकता है, इसके लिए अन्य कारक जैसे शक्ति, एंडरेंस, गति व कौशल भी महत्त्वपूर्ण होते हैं, लेकिन प्रशिक्षण की अनुपस्थिति में शेष सभी कारक व्यर्थ हैं।

यहाँ मैं खेल प्रशिक्षक की एक प्रचलित विधि पर प्रकाश डालने जा रहा हूँ, जिसका लाभ बास्केटबॉल खिलाड़ियों समेत सभी खेलों के खिलाड़ियों को प्राप्त हो सकेगा।

## सर्किट प्रशिक्षण (Circuit Training)

खेल प्रशिक्षण की इस विधि की स्थापना सन् 1957 में लीड्स (Leads) यूनिवर्सिटी के खेल वैज्ञानिकों मोर्गन और एडमसन ने की थी। यह विधि खिलाड़ियों के शरीर के सभी अंगों के विकास अथवा उनकी क्षमता में सुधार लाने के उद्देश्य से विकसित की गई थी।

सर्किट प्रशिक्षण का उद्देश्य व लक्ष्य खिलाड़ी के शरीर का सर्वांगीण विकास करना है अर्थात् खिलाड़ी के शरीर के अंगों की शक्ति, गति, लचीलापन, तथा कार्यकुशलता बढ़ सके। साथ ही इसके जरिए मांसपेशियों, श्वसन क्रिया तथा रक्त प्रवाह में सुधार या शारीरिक संस्थानों में मजबूती कायम हो सके। जोकि एक खिलाड़ी के लिए काफी आवश्यक है।

सर्किट प्रशिक्षण के अंतर्गत शामिल किए जानेवाले कुछ व्यायाम इस प्रकार हैं—

- एक ही स्थान पर दौड़ना
- एक ही स्थान पर कूदना
- रस्सी कूदना
- दोनों पैरों से आगे-पीछे कूदना, जिसे Front and back hopping कहते हैं।
- चिन-अप्स (Chin-ups)
- पुश-अप्स (Push-ups)
- सिट-अप्स या बैठक (Sit-ups)
- बेंच प्रेस
- वजन के साथ आधी बैठक
- डिप्स
- रस्से पर चढ़ना
- मेडिसिन गेंद के साथ व्यायाम
- पंजे छूना
- स्ट्रेट-लेग्स (Straight-Legs)
- स्कवैट-जंप (Saquat-Jump)
- खड़े-खड़े कूदना।

उपरोक्त व्यायामों में से स्क्वैट-जंप, स्ट्रेट-लेग्स, डिप्स, पुश-अप्स, फ्रंट ऐंड बैक होपिंग, एक ही स्थान पर दौड़ आदि बास्केटबॉल खिलाड़ियों के लिए काफी महत्त्वपूर्ण व्यायाम हैं।

इन व्यायामों का अभ्यास करने से खिलाड़ी खेल के दौरान हमेशा चुस्त व सक्रिय रहता है। साथ ही वह शूटिंग, ड्रिबलिंग के समय अपना शारीरिक संतुलन बनाए रखता है। एक अच्छा खेल प्रशिक्षक खिलाड़ी को उपरोक्त व्यायामों का निश्चित रूप से अभ्यास कराना चाहेगा।

प्रशिक्षण के लिए ऐसे व्यायामों का चयन किया जाना चाहिए जिनसे खिलाड़ी को उस खेल में काम आनेवाली मांसपेशियों को लाभ मिल सके।

26

# बास्केटबॉल की महत्त्वपूर्ण प्रतियोगिताएँ

बास्केटबॉल की महत्त्वपूर्ण प्रतियोगिताएँ इस प्रकार हैं—

**1. राष्ट्रीय बास्केटबॉल चैंपियनशिप** (National Basketball Championship)—यह भारत की राष्ट्रीय बास्केटबॉल चैंपियनशिप है। इसका आयोजन भारतीय बास्केटबॉल संघ करती है।

**2. एशियाई खेल** (Asian Games)—एशियाई खेलों में शुरू से ही बास्केटबॉल को शामिल कर लिया गया था। प्रथम एशियाड सन् 1951 में नई दिल्ली में आयोजित किया गया था। भारत ने इसमें बढ़-चढ़कर हिस्सा लिया था।

**3. ओलंपिक खेल** (Olympic Games)—ओलंपिक खेलों में बास्केटबॉल को एशिय्राई खेलों में शामिल किए जाने से पूर्व से ही स्थान प्राप्त हो गया था। आँकड़ों के अनुसार सन् 1936 में ही बास्केटबॉल के उस खेल को ओलंपिक में शामिल कर लिया गया था। उस वर्ष से प्रत्येक ओलंपिक खेलों में बास्केटबॉल को सम्मानपूर्ण स्थान प्राप्त होता आया है।

सन् 1936 में इस खेल की लोकप्रियता को इसी बात से आँका जा सकता है कि उस साल इक्कीस देशों ने बास्केटबॉल की प्रतियोगिता में भाग लिया था।

**4. यूरोपियन कप**—यह एक अंतरराष्ट्रीय टूर्नामेंट है, लेकिन विदेशों में बास्केटबॉल का चर्चित टूर्नामेंट समझा जाता है।

**5. अमेरिका कप**—यह भी बास्केटबॉल का एक अंतरराष्ट्रीय टूर्नामेंट है। इस खेल पर शुरू से ही अमेरिका का प्रभुत्व रहा है। वैसे भी इस खेल का जन्मदाता भी वही है।

**6. एशिया कप**—यह भी बास्केटबॉल का एक अंतरराष्ट्रीय टूर्नामेंट है।

**7. विलियम टोड मेमोरियल ट्रॉफी**—यह भी एक अंतरराष्ट्रीय-राष्ट्रीय टूर्नामेंट है।

**8. प्रिंस वसालत झा ट्रॉफी**—राष्ट्रीय स्तर का टूर्नामेंट है।

**महत्त्वपूर्ण आयोजन स्थल**

बास्केटबॉल की महत्त्वपूर्ण प्रतियोगिताओं के आयोजन स्थल—

**भारत में–**

जवाहरलाल नेहरू स्टेडियम, कटक (उड़ीसा)।

**अमेरिका में–**

रोज गार्डन एरीना, ओरगॉन

एम वे एरीना, फ्लोरिडा

आरको एरीना, कैलिफोर्निया।

27

# बास्केटबॉल : खेल पुरस्कार

हमारे देश में बास्केटबॉल के कई अच्छे-अच्छे खिलाड़ी पैदा हुए, जिन्होंने अपने अद्‌भुत प्रदर्शन से न केवल राष्ट्रीय स्तर पर ही अपनी पहचान बनाई, बल्कि अंतरराष्ट्रीय स्तर पर भी प्रसिद्धि पाई है। इन खिलाड़ियों ने अंतरराष्ट्रीय टूर्नामेंट्स में देश का नाम रोशन किया है। भारत सरकार ने अधिकांश खिलाड़ियों को प्रसिद्ध व सम्मानजनक खेल पुरस्कार—'अर्जुन पुरस्कार' से सम्मानित किया है।

यहाँ अर्जुन पुरस्कार प्राप्त भारतीय बास्केटबॉल खिलाड़ियों की एक सूची प्रकाशित की जा रही है—

| खिलाड़ी का नाम | पुरस्कार प्राप्त करने का वर्ष |
|---|---|
| 1. सर्वजीत सिंह | 1961 |
| 2. खुशी राम | 1967 |
| 3. गुरदयाल सिंह | 1968 |
| 4. हरिदत्त | 1969 |
| 5. गुलाम अब्बास मुंतसीर | 1970 |
| 6. मनमोहन सिंह | 1971 |
| 7. सुरेंद्र कुमार कटारिया | 1973 |
| 8. अनिल कुमार पुंज | 1974 |

| | | |
|---|---|---|
| 9. | हनुमान सिंह | 1975 |
| 10. | टी. विजय राघवन | 1977–78 |
| 11. | ओम प्रकाश | 1979–80 |
| 12. | अजमेर सिंह | 1982 |
| 13. | राधेश्याम | 1983 |
| 14. | सुमन शर्मा | 1983 |
| 15. | सज्जन सिंह चीमा | 1999 |
| 16. | परमिंदर सिंह | 2001 |

## ध्यानचंद पुरस्कार

| | | |
|---|---|---|
| 1. | राम कुमार | 2002 |
| 2. | एम. कुमार | 2003 |

# 28

# प्रसिद्ध भारतीय बास्केटबॉल खिलाड़ी

यह सच है कि बास्केटबॉल खेलों पर पश्चिमी देशों तथा अमेरिका का शुरू से ही प्रभुत्व रहा है तथा विदेशी खिलाड़ियों ने इस खेल में अधिकारपूर्ण ढंग से प्रदर्शन किया है। उन विदेशी खिलाड़ियों में कुछ नाम ऐसे भी हैं, जो लोकप्रियता के शिखर पर विराजमान हैं। जैसे माइकल जॉर्डन, यो मिंग, बिल रसेल, एंड्रयू बोगुट, टोनी पार्कर, सैमुअल जोन्स, लेंड्रो बारबोसा, टिम डंकन, जार्ज मिकन, स्टीव नैश, पॉल एरिजिन आदि खिलाड़ियों ने बास्केटबॉल के खेल में अपनी विश्वस्तरीय पहचान बनाई है तथा अपने अद्‌भुत प्रदर्शन व कौशल से इस खेल को जीत लिया है।

लेकिन हमारे देश के बास्केटबॉल खिलाड़ी भी कुछ कम नहीं हैं। इन खिलाड़ियों ने हर मौके पर अच्छे खेलों का प्रदर्शन किया और भारत की शान में वृद्धि करते रहे। राष्ट्रीय स्तर के खिलाड़ियों में सर्वजीत सिंह, खुशीराम, सज्जन सिंह चीमा, अजमेर सिंह, गुरदयाल सिंह, परमिंदर सिंह, सुमन शर्मा, हनुमान सिंह, ओमप्रकाश, हरिदत्त जैसे खिलाड़ियों को भला कौन भुला सकता है, जिन्होंने न केवल राष्ट्रीय स्तर पर ही, बल्कि अंतरराष्ट्रीय स्तर पर भी अपनी पहचान बनाई तथा देश का सम्मान बढ़ाया है।

हालाँकि मैं अर्जुन अवॉर्ड प्राप्त खिलाड़ियों के नामों की चर्चा कर चुका हूँ, यहाँ कुछ खिलाड़ियों की उपलब्धियों तथा उनके खेल कॅरियर पर

प्रकाश डालना आवश्यक समझता हूँ।

इसमें कोई शक नहीं है कि बास्केटबॉल हमारे देश में तब से ही लोकप्रिय है, जबसे इस खेल की शुरुआत हमारे देश में हुई। खासकर हाईस्कूल, कॉलेज और विश्वविद्यालयों में खेला जानेवाला यह खेल दिनोंदिन व्यापक होता चला गया अर्थात् स्कूल, कॉलेज और विश्वविद्यालय के दायरे अथवा सीमा रेखा में सीमित नहीं रह सका और पूरे देश में छा गया।

हमारे देश में अधिकांश शिक्षण संस्थाओं में खेले जाने वाले अनेक खेलों में यह सम्मानजनक स्थान पर विराजमान है।

भारतीय बास्केटबॉल खिलाड़ियों ने ओलंपिक समेत अनेक अंतरराष्ट्रीय टूर्नामेंट्स में अच्छे खेलों का प्रदर्शन किया है। कुछ खिलाड़ियों ने तो यह कहा जाए तो कोई गलत नहीं होगा कि चमत्कारिक प्रदर्शन किए हैं और हमेशा ही सम्मान पाया। देश के अनेक खिलाड़ियों के लिए एक अनुकरणीय उदाहरण पेश किया है।

भारत में इस खेल की लोकप्रियता का अंदाजा इसी बात से लगाया जा सकता है कि भारतीय बास्केटबॉल टीम—जिसे 'यंग कैजर्स' (Young Cagers) भी कहते हैं अथवा टीम को 'यंग केजर्स' के नाम से भी जाना जाता है, ने अंतरराष्ट्रीय बास्केटबॉल वर्ल्ड में पचासवाँ स्थान बनाया है। यानी भारतीय बास्केटबॉल टीम वर्ल्ड रैंक में 50वें स्थान पर खड़ी है।

भारतीय बास्केटबॉल टीम ने ओलंपिक्स इंडोर स्टेडियम में आयोजित 1980 के समर ओलंपिक्स में भाग लिया और बारहवाँ स्थान प्राप्त किया। न केवल ओलंपिक्स में ही, बल्कि भारतीय बास्केटबॉल खिलाड़ियों ने अनेक सम्मानजनक राष्ट्रीय-अंतरराष्ट्रीय टूर्नामेंट्स जैसे FIBA एशियन चैंपियंस कप में भाग लेकर अद्‌भुत प्रदर्शन किए हैं। इसी कड़ी में पहला नाम आता है गुलाम अब्बास मुंतसीर का।

## गुलाम अब्बास मुंतसीर

गुलाम अब्बास मुंतसीर भारत के अद्‌भुत बास्केटबॉल खिलाड़ी रहे हैं।

उनका जन्म 7 जनवरी, 1942 को मुंबई में हुआ था। वह जन्मजात प्रतिभाशाली थे। जब वह नौ साल के थे, तभी से उन्होंने बास्केटबॉल खेलना शुरू कर दिया था।

स्कूल में बास्केटबॉल के खेल में धूम मचाने के बाद मुंतसीर ने राष्ट्रीय स्तर पर अपनी पहचान बनाने के प्रयास शुरू कर दिए। उन्होंने अनेक क्षेत्रीय टूर्नामेंट्स में भाग लिया और अपने प्रदर्शन से यह साबित कर दिया कि वह दिन दूर नहीं, जब उनकी प्रतिभा को न केवल राष्ट्रीय स्तर पर ही, बल्कि अंतरराष्ट्रीय स्तर पर भी पहचाना जाएगा। बस, एक मौका मिलने का इंतजार था।

'जहाँ चाह, वहीं राह' वाली कहावत सत्य सिद्ध हुई। जिस मौके का मुंतसीर को बेसब्री से इंतजार था, वह मौका चलकर आया।

बात सन् 1960 की है। मुंबई में एक प्रदर्शनी मैच (Show Match) का आयोजन किया गया था। यह मैच भारत और ऑस्ट्रेलिया के खिलाड़ियों के बीच खेला जाना था। संयोग से गुलाम अब्बास मुंतसीर को ऑस्ट्रेलिया के खिलाफ खेलने का चांस मिल गया। इस तरह से सन् 1960 में मुंतसीर की अंतरराष्ट्रीय खेल कॅरियर की यात्रा शुरू हो गई, जो निरंतर ऊपर की ओर चढ़ती गई।

मुंतसीर ने सन् 1964 में कोलंबो में आयोजित 'क्वाड्रैंगुलर' (Quadrangular) में देश का प्रतिनिधित्व किया।

सन् 1969 तथा 1975 में बैंकाक में आयोजित एशियाई बास्केटबॉल चैंपियनशिप में भाग लेनेवाली भारतीय बास्केटबॉल टीम के कप्तान रह चुके मुंतसीर ने अपने पूरे खेल कॅरियर में अनेक मोरचों पर सफलता पाई और टीम को सम्मानजनक स्थान पर लाकर खड़ा किया था।

देश व अपनी माटी के लिए अनेक उपलब्धियाँ प्राप्त करनेवाले तथा विदेशों में भारत का सम्मान व कद बढ़ानेवाले मुंतसीर को भारत सरकार ने प्रसिद्ध खेल सम्मान पुरस्कार 'अर्जुन अवॉर्ड' से सम्मानित किया था। उन्हें यह अवॉर्ड वर्ष 1970 में दिया गया था।

## विशेष भृगवंशी

विशेष भृगवंशी या भृगवंशी एक प्रोफेशनल भारतीय बास्केटबॉल खिलाड़ी हैं। उनका जन्म 13 सितंबर, 1991 को हुआ था।

विशेष 'यंग कैजर्स' (Young Cagers) के लिए खेलते हैं। उन्होंने FIBA एशियाई चैंपियन टूर्नामेंट के लिए खेला है।

भृगवंशी ने एशिया के अधिकांश सम्मानजनक बास्केटबॉल इवेंट्स के लिए मुकाबला किया है। उनमें सुपर स्टिंग कप इंटरनेशनल इन्विटेशनल बास्केटबॉल टूर्नामेंट (Super Steung Cup International Invitational Basketball Tournament) भी शामिल है। इसके अलावा भृगवंशी ने स्टैनकोविक कप के लिए भी अपना सराहनीय प्रदर्शन किया है।

विशेष भृगुवंशी का खेल कॅरियर जारी है। इसमें कोई शक नहीं कि विशेष एक प्रतिभाशाली खिलाड़ी हैं। उनमें गजब की क्षमता व कौशल है। सटीक निशाना है। जब वह दोनों हाथों से विपक्षी की बास्केट में बॉल डालते हैं, तो अधिकांश बार उन्हें सफलता ही मिली है।

इस बास्केटबॉल खिलाड़ी का खेल कॅरियर निरंतर ऊँचाइयों की ओर अग्रसर है।

## जेनिफर पायस (पेस)

जेनिफर पेस एक पूर्व भारतीय बास्केटबॉल महिला खिलाड़ी रही हैं।

जेनिफर ने सन् 1982 में भारतीय नेशनल बास्केटबॉल टीम की कप्तानी की थी। उन्होंने सन् 1972 में आयोजित म्यूनिख ओलंपिक गेम्स में भी भारत का प्रतिनिधित्व किया था।

यह वही जेनिफर पेस थी, जो प्रसिद्ध टेनिस खिलाड़ी लिएंडर पेस की माँ हैं।

## रियाजउद्दीन

भारतीय बास्केटबॉल खिलाड़ी रियाजउद्दीन भारत के चर्चित बास्केटबॉल

खिलाड़ियों में से एक हैं। उन्होंने न केवल क्षेत्रीय तथा राष्ट्रीय स्तर के बास्केटबॉल टूर्नामेंट्स में अपनी पहचान बनाई है, बल्कि अंतरराष्ट्रीय स्पर्द्धाओं में भी अपनी प्रतिभा व कौशल का उत्कृष्ट उदाहरण पेश किया और अपना व देश का नाम रौशन किया है।

विशेष भृगवंशी हों या जेनिफर पेस या फिर रियाजउद्दीन...इन खिलाड़ियों ने राष्ट्रीय व अंतरराष्ट्रीय स्तर के महत्त्वपूर्ण बास्केटबॉल टूर्नामेंट्स नें अपने चमत्कारिक प्रदर्शन से देश की प्रतिष्ठा बढ़ाई है। इसलिए देश को भी इन खिलाड़ियों पर गर्व है।

### आकांक्षा सिंह

7 सितंबर, 1989 को जन्मे आकांक्षा सिंह भारतीय महिला नेशनल बास्केटबॉल टीम की एक सदस्या हैं। यह महिला भारतीय बास्केटबॉल खिलाड़ी वर्ष 2004 में नेशनल टीम के लिए चुनी गई थीं, तब से लगातार वर्ष 2010 तक इस टीम में रहकर खेलती रहीं।

आकांक्षा सिंह को भारत की सबसे बेहतरीन खिलाड़ी के रूप में सम्मानित किया गया है। उन्हें भारत के प्रथम प्रोफेशनल बास्केटबॉल लीग MBPL 2010 में 'मोस्ट वैलुएबल प्लेयर' का अवॉर्ड दिया गया।

भारतीय बास्केटबॉल के इतिहास में आकांक्षा सिंह का नाम स्वर्णाक्षरों में लिखा जाएगा, क्योंकि यह गौरव अब तक किसी भी भारतीय बास्केटबॉल खिलाड़ी को प्राप्त नहीं हुआ है।

आकांक्षा सिंह बास्केटबॉल फेडरेशनल ऑफ इंडिया से 'ए' ग्रेड प्राप्त करने वाली टॉप-फोर (Top-Four) खिलाड़ियों में से एक हैं।

वह इस खेल के हर कौशल में प्रवीण हैं। खासकर ड्रिबलिंग में उनका जवाब नहीं है। दर्शकों ने उनके करिश्माई कौशल प्रदर्शन तथा शूटिंग में हर बार तालियाँ बजाई हैं।

उन्होंने अनेक राष्ट्रीय व राज्य स्तरीय प्रतियोगिताओं में अपने बेहतरीन खिलाड़ी होने का सबूत पेश किया है। उन्हें एक बेहतरीन खिलाड़ी के रूप

में सम्मान व गौरव हासिल हुआ है। कई जगह से उन्हें अवॉर्ड भी मिले हैं। उनकी कप्तानी में दिल्ली विश्वविद्यालय ने ऑल इंडिया यूनिवर्सिटी बास्केटबॉल चैंपियनशिप में स्वर्ण पदक जीता था।

इस चैंपियनशिप का आयोजन नेल्लोर में हुआ था। इस चैंपियनशिप में आकांक्षा सिंह के साथ-साथ उनकी बहन प्रतिमा सिंह को भी संयुक्त रूप से 'बेहतरीन खिलाड़ी' का अवॉर्ड दिया गया।

आकांक्षा सिंह बनारस (उत्तर प्रदेश) की रहनेवाली हैं। उनका जन्म एक ऐसे परिवार में हुआ जहाँ पहले से ही बास्केटबॉल के कई खिलाड़ी पैदा हो चुके हैं। आकांक्षा पाँच बहनें हैं। उनमें से चार बहनें या तो भारतीय नेशनल टीम में खेल चुकी हैं अथवा खेल रही हैं। इस तरह से आकांक्षा के खून में बास्केटबॉल का कीड़ा बचपन या कहिए जन्म से ही दौड़ रहा है।

आकांक्षा के परिवार को बनारस का 'बास्केटबॉल फेमिली ऑफ इंडिया' भी कहा जाता है।

### जगदीप सिंह

जगदीप सिंह का जन्म 10 जनवरी, 1986 को हुआ था। वह भारत के प्रोफेशनल बास्केटबॉल खिलाड़ियों में से एक हैं।

जगदीप सिंह 'यंग कैजर्स' (Young Cagers) के लिए खेलते हैं। 'यंग कैजर्स' ने FIBA एशिया चैंपियंस कप में भाग लिया था, जिसके जगदीप एक अभिन्न अंग थे।

वह भारतीय नेशनल बास्केटबॉल टीम के सदस्य हैं। जगदीप सिंह ने नेशनल बास्केटबॉल टीम में खेलते हुए FIBA एशिया चैंपियंस 2007 तथा FIBA एशिया चैंपियंस 2009 के लिए खेला और अपने अद्भुत खेल कौशल से दर्शकों का दिल जीता।

जगदीप ने वर्ष 2007 के टूर्नामेंट में 15वाँ स्थान प्राप्त करते हुए प्रति गेम 11.4 प्वॉइंट्स का औसत स्कोर प्राप्त किया था।

सन् 2009 में आयोजित टूर्नामेंट्स में उन्होंने टीम-लीडिंग का औसत

स्कोर 7.8 (रिबाउंड्स) प्रति गेम प्राप्त किया। उस साल के टूर्नामेंट्स में भारतीय टीम के खिलाड़ियों ने अपने अद्भुत प्रदर्शन से नेशनल टीम को तेरहवें स्थान पर ला खड़ा किया था। इसमें जगदीप सिंह के करिश्माई खेल प्रदर्शन का प्रमुख हाथ माना जाता है।

इस तरह से जगदीप सिंह ने भारतीय नेशनल टीम को सम्मानजनक स्थान पर लाने में हरसंभव प्रयास किए हैं। खेल के प्रति पूर्ण लगन, समर्पण, त्याग, तपस्या आदि के साथ-साथ खेल कौशल व प्रवीणता आदि सारे कारक जगदीप सिंह में मौजूद हैं, तभी तो वह करिश्माई व अद्भुत बास्केटबॉल खिलाड़ी माने जाते हैं।

उपरोक्त भारतीय पेशेवर-गैर पेशेवर खिलाड़ियों के अलावा कुछ और नाम भी हैं, जिन्होंने इस खेल को ऊँचाइयों पर ला खड़ा किया और अनेक जगह से सम्मान व पुरस्कार प्राप्त किए। उन खिलाड़ियों ने देश के गौरव में वृद्धि किया है। कई खिलाड़ियों को भारत सरकार ने 'अर्जुन अवॉर्ड' से सम्मानित किया है। इसमें सर्वजीत सिंह, खुशीराम, हरिदत्त, सुरेंदर कटारिया, अनिल पुंज, हनुमान सिंह, ओमप्रकाश, अजमेर सिंह, राधेश्याम, सुमन शर्मा, एस.एस. चीमा, परमिंदर सिंह, राम कुमार जैसे प्रसिद्ध बास्केटबॉल खिलाड़ियों के नाम को कैसे भुलाया जा सकता है।

इन खिलाड़ियों ने देश व दुनिया में ऐसी इज्जत दिलाई है, जिसके कारण देश ने उनपर हमेशा गर्व किया और हमेशा करता रहेगा।

हमारे देश में ऐसी प्रतिभाएँ भी पैदा हुई हैं, जिसने वक्त से पहले ही वक्त को अपनी मुट्ठी में कर लिया था।

अब विशेष भृगवंशी को देख लें। अत्यंत छोटी उम्र में ही उन्होंने एशिया के अधिकांश महत्त्वपूर्ण बास्केटबॉल इवेंट्स में भाग लेकर शानदार सफलता प्राप्त कर ली थी। इन महत्त्वपूर्ण इवेंट्स में स्टैंकोविक कप, सुपर स्टिंग कप आदि शामिल हैं।

विशेष ने कई सम्मान व उपलब्धियाँ हासिल की हैं, उनमें मोस्ट वैलुएबल प्लेयर (2008) के अलावा अन्य कई सम्मान भी हैं।

वह कम उम्र में ही भारतीय नेशनल टीम के कप्तान बन गए थे। उनकी कप्तानी में नेशनल टीम ने सन् 2008 में इंडोनेशिया में आयोजित एशियन बीच गेम्स में स्वर्ण पदक जीता था।

मात्र सत्रह साल की उम्र में ही भृगवंशी ने FIBA एशिया चैंपियंस 2009, जिसका आयोजन चीन में हुआ था में टॉप-टेन फिनिश कर लिया था।

इसी प्रकार से गुलाम अब्बा मुंतसीर ने भीउ कम उम्र में ही बड़े काम कर दिखाए थे। वह जन्मजात खिलाड़ी थे। नौ साल की उम्र से ही खेलना शुरू कर दिया था।

मुंतसीर ने अपने खेल कॅरियर में अनेक सम्मान व पुरस्कार प्राप्त किए। उनमें से कुछ पुरस्कार व अवॉर्ड उस उम्र में मिले, जिस उम्र में बड़ों को दिए जाते हैं। कहने का अर्थ यह है कि उन खिलाड़ियों ने वक्त से पहले ही वक्त को अपनी मुट्ठी में कर लिया था।

मुंतसीर को सन् 1970 में 'एशियन ऑल-स्टार टीम' के लिए चुना गया था। मुंतसीर ने राष्ट्रीय स्तर का अपना अंतिम मैच 44 साल की उम्र में खेला, जब उन्होंने सन् 1986 में आयोजित फेडरेशन कप में रेलवे का प्रतिनिधित्व किया था।

मुंतसीर ने बास्केटबॉल पर एक पुस्तक भी लिखी है। पुस्तक का नाम है—बास्केटबॉल के सिद्धांत व आदर्श (Principles of Basketball)....

इस प्रकार से और भी कई भारतीय बास्केटबॉल खिलाड़ी हैं, जिन्होंने नेशनल बास्केटबॉल टीम को एक नई दिशा व ऊर्जा देकर उसे चोटी पर पहुँचाया है। इन खिलाड़ियों को कभी भुलाया नहीं जा सकेगा और आनेवाली पीढ़ी के लिए ये खिलाड़ी प्रेरणास्रोत बने रहेंगे।